出版家王雲五

徐有守 著

臺灣商務印書館 發行

敬以此書紀念

雲五先生一百一十七歲誕辰

王雲五先生玉照

1965年董事長雲五先生與總編輯兼總經理兼發行人徐有守合影於臺灣商務印書館先生辦公室。先生與有守時年七十八及四十二。

1921年冬，先生始任商務印書館（上海）編譯所長，
時年三十四。

1929年先生始任商務印書館（上海）總經理。
時年四十二。

1932年一二八事變日軍攻滬，大火焚毀上海商務印書館後留影。時年四十五，任總經理已三年。

1937年日軍發動七七事變全面侵華戰爭，政府舉行廬山談話會，邀先生出席。會後先生決計配合應變，就便先至商務南昌分館視察指導。7月19日與分館全體同仁合影。

1937年七七事變後，先生赴港駐留統籌指揮商務全局，抵港後與家人合影。坐者為令堂，夫人，妹；其他為子女兒媳等。

抗戰期間，我政府（國會）訪英團團員五人赴英報聘，自1943年11月18日起至1944年3月18日止，往返為期四個月。照片中人物前排六人左起團員立法委員溫源寧，國民參政員杭立武，王雲五，王世杰，胡霖，及隨團秘書李惟果。

1944年元月25日，我訪英團訪英國首相邱吉爾於唐寧街10號，在內閣會議室留影。前排坐者五人，左起為雲五先生，駐英大使顧維鈞，邱吉爾，王世杰，胡霖。

1938年先生以我財政部長身份出席國際貨幣基金及國際銀行第三屆聯合大會，9月27日大會在美開幕，全期五日，先生主持大會留影。

先生1938年訪美歸來在上海機場。

1955年先生任公務人員高等考試典試委員長，親巡考場（在臺北）。

1957年9月10日，總統府臨時行政改革委員會結束，先生以主任委員身份宴謝全體同仁後合影於臺北市臺灣銀行招待所。

先生極喜愛兒童。1959年巡視臺灣全島各地方政府及企業機構返回臺北途中小憩，在苗栗南湖鄉山間偶遇小學生一批，先生與之合影於山坡。後立者為先生及本書作者，攝影者為臺灣電力公司總經理黃暉先生。

1960年國民大會第一屆第三次大會於臺北舉行，選舉總統。3月10日先生主持大會，為是次會期之主導人物。左三為國民大會秘書長谷正綱。

1961年財政部長嚴家淦赴訪先生於寓所書房，時先生任行政院副院長。

1967年7月8日，先生八秩大慶與賀客攝於臺北市中山同鄉會國父百齡堂。先生左右為嚴家淦與孫科。

1968年6月24日，先生與臺灣商務印書館全體同仁合影。

1970年先生主持臺灣商務印書館股東常會。

1970年臺灣商務印書館股東常會會場一角。

1972年先生主持臺灣商務印書館股東常會。

1977年先生主持臺灣商務印書館股東常會，已有老態。

1965年先生以財團法人嘉新水泥公司文化基金董事長身份，於7月21日在大會上授特殊貢獻獎狀予留美物理學家吳健雄博士。

同上，授予獎金。

同上，授予獎章。

先生晚年與政治大學政治研究所部份博士門生合攝。

先生常用之書房僅八坪左右並不寬敞，
而四壁架上堆滿書籍。

先生與門生臺灣中國文化學院校長喬寶泰博士攝於寓所書房。

先生老來喜作草書。

1969年先生接受韓國建國大學致贈榮譽博士學位。

先生終身愛書如命，私藏頗豐，雖老不改。

先生遊臺灣日月潭與當地阿美族酋長（右一）合影。

先生於最後二年雙腿無力，間常於晨間由家人陪同，推輪椅至鄰近之臺灣大學校園勉力慢步。攝影者為其公子王學哲先生。

目錄

王序

國父　孫中山先生在「建國方略」中評論出版業時，曾如此說：「此項工業為以智識供給人民，是為近世社會一種需要，人類非此無由進步。一切人類大事，皆以印刷紀述之；一切人類智識，皆以印刷蓄積之，故此為文明一大因子。」可見出版事業對人類的進步，是多麼的重要。

民國九十二年（二〇〇三年）十月，學哲因臺灣商務印書館業務曾到北京一行，與北京之「商務」及其他出版社洽商。在一次午餐中，會見了一位曾在「商務」服務多年並已退休的老同仁汪家熔先生，承他贈送一本他最近出版的大作名叫《近代出版人的文化追求——張元濟、陸費逵、王雲五的文化貢獻》。全書四百餘頁，約有二十餘萬字。書中也談到我國出版事業歷史，由古代直到現代。他說到民國成立以來，我國至今共有出版社不下於一萬家之多，也有更多的人自稱為出版家。但值得詳細敘述者，在出版社方面祇有商務印書館及中華書局兩間。在出版家方面，汪先生以為「他們有參加出版活動的衝動，而且必然不是為錢的衝動。所以還要有百折不撓的精神。這樣，入圍的就比較少了，剩下的就是只三位了：張元濟、陸費逵、王雲五。」全書對商務印書館和先父王雲五先生的評述最為詳細。

先父出生於清光緒十四年（一八八八），親身經歷過辛亥革命、中華民國成立（一九一二）、兩次世界大戰、一二八及八一三日本軍閥侵華、八年抗戰、國民政府遷臺、中華民國退出聯合國等情況，可以說是一個非常混亂和動盪的時期。

可是先父在一生九十二年的旅程中，他曾經做過五金店的學徒，祇受了五年的教育。後來他又擔任過補習班的教師，報館的特約撰稿人，國父　孫中山先生的秘書，上海商務印書館編譯所長、總經理；東方圖書館的創辦人、四角號碼檢字法及中外圖書分類法的發明者，中央研究院研究員、國民參政會參政員、國大代表、經濟部長、財政部長、行政院副院長、考試院副院長、大學教授、故宮博物院理事長、華國出版社創辦人、臺灣商務印書館董事長等職位。對於我國的文化、教育、出版、政治及經濟多方面都有巨大的貢獻。

但是，先父一生最主要及最長久的工作，就是在至今已有一百零七年歷史的商務印書館。先父是在民國十年（一九二一）進入「商務」主持當時全國規模最大出版機構的「編譯所」，當時該所工作人員已有三百餘人。後來又被聘為該館的總經理，主持我國當時民營事業最大之一的「商務」。當時「商務」在全國各城市有分館三十七所，在上海、香港、北京、長沙等地設有印刷廠，全體員工約有三千七百餘人。先父除了三度在政府服務之外（一九一二—一九一七、一九四六—一九四八、一九五四—一九六三），直到民國六十八年（一九七九）仙逝，生命中絕大部份時間都是在「商務」工作。前後共有四十餘年。

有守學兄與父親不僅有師生的關係，父親在政府服務的十多年中，有守兄亦從旁協助，貢獻巨大。後來父親在政壇退休後，回到「商務」擔任董事長，有守兄擔任了「商務」的總經理兼總編輯兼發行人。對於臺灣商務印書館的復興亦有很大的貢獻。本書名叫《出版家王雲五》，詳細敘述父親四十多年在出版業的工作。有許多資料都是有守兄私人的收藏及經歷，非常珍貴。本書雖然是集中於父親在出版業的生涯，但有許多資料敘及父親的為人、處事、治學、經營、管理、應付危機、艱苦奮鬥之精神。學哲以為這本書不僅可作為現今辦理出版事業者的參考，也可以做為我國經營工商業者、學者及青年的借鏡。

民國九十三年四月　王學哲於臺北

卷前語

雲五先生在民國六十八年八月離開我們，壯遊到一個遙遠的地方去了，到今年八月剛好是二十五年，也就是四分之一個世紀，永遠也不再回到這個他曾經付出九十二年心血也留下了大量痕跡的地方來了。當他還駐腳我們這個世界的期間，大家都知道他，尤其是一九五〇年代及其前的中國智識份子，很少有誰不曾讀過由他直接或間接編印過的圖書雜誌，也很少沒有接受過他的文化服務，能夠在知識傳播上不受到他的影響。

另外，他來臺灣後，又應邀獻身政府工作，以一介無黨無派也無任何政治勢力的赤手空拳書生，僅憑個人光風霽月的人格和半生行事所表現於國人大衆前的愛國赤誠與信譽，主持「總統府臨時行政改革委員會」，提出八十八個行政改革建議案，做了許多大膽的建議。對於這一研議改革任務，我也幸附驥尾，深入參加工作。記得正在研議建議案期間，他有一次很感慨的私下對我說：「我要抓住這個難得的機會，儘量提案。只要對國家對人民有利的事情，我決不怕冒犯，必定盡量提案。」這就是在八十八案中何以能出現下列及其他這一類建議案的原因。諸如：憲法第一〇八條研究報告案、調整警察職權案、國防預算之編制執行及審核問題案、統一三軍軍階級及現行薪俸案、改革租稅案、切實保障人權案、調整司法監督案、防止貪污案、調整軍公教人員待遇案、建立集中支付案等，都是觸犯時忌而無人敢談論的課題。部份課題雖然有人也曾討論過，但被當局嚴加拒絕；尤其有關國防與軍隊的事項，更是無人願意置喙。但是先生雖飽積豐富政治經驗，卻毫不躊躇而勇為之。例如調整司法監督案，實質也就是主張審檢分立和法院改隸，把原來多年來高等法院以下各級法院隸屬於行政院司法行政部之下者，移出改隸於司法院之下，以確保審判獨立而不受行政干涉。諸如此類的事項，先生不僅提案了，而且還終於被當局接納付之實行了。又如切實保障人權案，實施後，更得賴以廢除許多侵犯人權的措施。另外還有一些其他建議案，例如建議政府機關實施集中支付案和推行信用卡案等等，早已據以實施了幾十年，給政府和社會帶來了太多方便。這許多建議案，對臺灣幾千萬人民的生活發生了實質改善的廣泛作用，而且影響深遠。但是，由於當時除對八十八案的案由曾經偶爾片斷公開提到一、二外，社會大眾實在並不知道全部建議案內容，至今也還不知道究竟是什麼風吹來，帶給他們這些好處。

上面所說先生為國人所做的兩件事情：推廣文化和行政改革，儘管人民大眾不知其詳，但是對於先生這個人卻幾乎無有不知。待先生離開大陸後沒有多久，大陸上新一代的知識份子就很少有人知道王雲五這個名字了；而在臺灣，雖然先生謝世已久，至今縱然是二十多歲的青年人，卻仍然還知道先生其人其事。

民國五十四年春，先生新任臺灣商務印書館股份有限公司董事長才半年，我從美回臺灣才兩個月，有一天下午，先生忽然親自打電話來我行政院辦公室，堅囑我儘速辭去所有公職赴館追隨，隔天又逕行打電話給我的頂頭長官行政院副院長兼主任委員余井塘先生要求放人。大年初五我遵命隨先生一同到館後，在先生領導下負館務全責兼總編輯。在職三年，到五十六年底，因公司百廢齊舉，事繁責重，生理心理都不勝負荷，終於每日全身燒熱，朝發夕褪，週而復始，治療無效，迫使我不得不請求離職，臥床休憩半年才恢復健康。三十五年後，也就是民國九十一年四月，先生幾乎盡其畢生心力以赴的商務印書館（臺館）舉行股東常會，選出新一屆董事會，並選出先生哲嗣股東王學哲兄為董事長，我為副董事長，因而我又回到舊地。但今日已非復昔比，我已不再芳華盛年，轉眼竟也垂老八十了。老來易興懷舊之思，時覺回到昔日與先生在公司三樓董事長小室中長談細商館務情景，往事歷歷，不勝感慨。偶又靜坐追思，更溯及早年在行政改革委員會時，先生主持會議及叮嚀案旨神態，彷彿昨日。

有守個人幾乎畢生從事公務，朝乾夕惕，長年碌碌不得少安。現以退職之身，稍稍得有個人自我時間。於是去年寫成《王雲五與行政改革》一書，現又完成這一本書，固然都是用以表示對先生的懷念，但更重要的是記述一些有關先生的貢獻，以助世人了解。

關於先生所從事的行政改革工作，除先生本人在《岫廬八十自述》中有所敘述，以及我歷年多次有文介述外，他人很少作系統性的敘述。至於關於先生從事出版事業及從政兩方面，則記述討論的文章和專書都不在少。無論在臺灣或大陸，都有人為他寫傳記專書出版。而最詳細週全的，當推臺灣王壽南兄所編《王雲五先生年譜初稿》。而雲五先生自己所著《岫廬八十自述》、《岫廬最後十年》以及《商務印書館與新教育年譜》三書最為週詳而又真切可靠。上述四部書每部都在百萬字以上，並且錄載了大量原始資料，很值得細讀。

不過，這四部書所寫都是先生畢生事蹟，有助於了解先生全面，很難得還有其他任何人能夠展示這麼多事實給我們看，應該誠心表示謝謝。不過由於涉及既廣泛，於是，對每一個別方面就不能寫得太多，對先生從事出版事業一方面來講也是如此；同時，還因為每本書的性質不同，所收的資料也就不同，這本來是當然而正規的情形；但讀者對同一件事情卻必須在幾本不同的書中去了解。例如對於商務印書館的營業情形和出版實況，在《岫廬八十自述》中就不適宜抄列許多細帳和數字，而在《商務印書館與新教育年譜》一書裡卻成為不可缺少的最好資料。又如四角號碼檢字法和中外圖書統一分類法，在《商務印書館與新教育年譜》裡就不宜細說，而只宜在《岫廬八十自述》裡說明，但卻也不可能說得過於詳細，而使我們必須另尋與之有關的專書加以補充。

最重要的是，先生能夠寫自己，而且寫得這麼誠懇坦直，誠然十分難得。例如他先後在幾個不同的地方一再重述下面這件事，當上海書館同仁集會討論到萬有文庫一集第一版應該印多少部的時候，先生堅持主張印五千部，而館中一位經驗豐富的副科長卻認為五千部太多，投資沉重。引起先生與之發生激烈爭執，甚至動了意氣。但先生事後，甚至老來，仍念念不忘這件事，覺得這位盛副科長見解正確，而自己那時還沒有那方面的經驗，所以後來於心深有歉意。這種事若非先生自己說出來，事久決不會有人知道或記得。先生為人之可敬如此。但是當先生老來八十八歲，依日本習慣稱為米壽（因為八十八這三個字結合起來就成為一個完整的「米」字），他的政治大學學生們為他祝壽，本來已商量好了要仿照學術界一般流行方式，為他出一本祝壽學術論文集。先生向來直爽，當場表示不如出一本題名為《我所認識的王雲五先生》的書，並聲明不用寫壽序那種全是恭維話的文言文體，而必須用白話散文體說真話，縱然有批評言詞也在所不忌。消息經口頭轉述傳出去以後，文稿源源而來，作者包括中央政府的院長、部長、秘書長、立法委員、大法官；執政黨的中央常務委員；商務印書館早年和當時臺灣的同仁；政府機關過去的同事和部屬；他所主持的一些基金會的工作同仁；以及他的學生們，都是有關係的故舊，完全不是官場的應酬。這本書的意義，是在以幾十個不同的他人眼光，來表達對先生的看法，較之先生的自述，自有其各別不同的互參價值。

基於上述這些想法，更由於我以退休之身，對自己的時間運用已經比較有點支配權，開始覺得我也未嘗不可用我的角度來描寫出版家王雲五，以與其本人所述相參證，並且可以集中先生在出版事業方面的所有活動於一書，以利研究者的參考。於是在《王雲五與行政改革》一書出版後，開始考慮要寫現在這本書。正在還沒有十分確定要如何著手時，去年冬天，家兄徐柏容自天津來信（他是大陸上著名的出版家），問我是否有意與之合寫一本介紹先生在出版界活動的書，我只寫先生在臺灣的部份。不久他們計畫變更為要出版一本包括幾十位當代出版家的書，問是不是可以索性由我獨自寫有關雲老的這一篇，大約只要二、三萬字。我多年來的原則是：只要有關闡揚先生的事情，只要我有時間和做得到，都願意做。但是事出意外，我這一寫竟就寫成超過十萬字。而且照我幾十年來的習慣，任何文章初稿完成後，必定經過再三修改和充實，而且越改越多，於是就成為現在這模樣，連同附錄有十七、八萬字了。當最初寫到大約四萬字左右的時候，就發覺情形失控而有點不對了，於是只好放下筆來，經長久沉思後，決定索性把這一篇寫成一本書；至於那個單篇文章，只好當作另外一件事情分別處理了。類似情形，我前兩年在寫《民國考選制度演進釋論》時，也曾發生過，把原本只要一萬字的一篇文章寫成七萬多字。

有人也許可能會認為，現在展現在讀者面前的這本書，對於先生在臺灣商務印書館的情形寫得少了些。我同意寫得確是比較少些；而且也知道有此說法是一種善意也是盛意，深表感謝。但是我必須說明，這種情形的出現是基於下列兩種原因：第一、先生來臺後，自民國三十九年一直居留到六十八年謝世，期間三十年，為時不可謂不長。但其中自民國四十三年任考試副院長後，即具有公務員身份。繼續到民國四十七年調任行政院副院長，直到民國五十二年底掛冠離開政壇，持續十年。五十三年才回到商務印書館，以迄六十八年，為期十五年。在這十五年期間，先生於六十年底親自主持重印全套東方雜誌，因已年高八十有四，耗費精力過甚，元氣大傷，健康情形從此一蹶不振。所以他能全神貫注於館務的時間大概只有七年，對館務的興革不無影響。第二、臺灣商務印書館無論主觀或客觀條件都遠不如當年上海館。尤其最重要的是客觀條件，也就是中文書籍的市場條件，以臺灣的二千餘萬人口，較之當年上海館之享有整個大陸市場人口以億計的情形，無論其為古老說法之四億五千萬或二十世紀下半葉說法之為八億或十億，相互間不啻天淵之別。至於臺館主觀條件也與當年上海館大有差別。大陸館當年有三十六個分館（上海門市部未計入）和龐大印刷廠分布全國各大都市以至香港和新加坡。臺館則不過孑然一館在臺北市。在這種種情形下，先生竟仍能憑一己學識、經驗與魄力，赤手空拳將臺館起死回生，造成其後十多年榮景，已是奇蹟。

有守著文敘述先生，並非以本書為首次。但敘述出版家的先生則似以本書最為詳備。尤其有若干資料來自我個人的接觸和目睹，似與其他僅憑書面資料來介紹先生的寫法稍有不同。

本書內容雖然限於先生在出版方面的活動，但先生的治學與在管理方面的觀點，因與出版業有關，所以把有守在拙著《道南從師記》中的幾個有關篇章，作為本書附錄，以供互參。順便聲明：《道南從師記》也是臺灣商務印書館出版，選錄這幾個篇章於此，經已事先獲得商務印書館同意，並載明於契約中。特此申謝。

特別謝謝學哲兄的序文。

徐有守　民國九十三年四月於臺北

處世若壯遊，胡為不勞生？壯遊不易得，豈宜虛此行！
偶爾一回醉，終日須神清。雪泥著鴻爪，人生記里程。
豹死既留皮，人死當留名。盛名皆副實，人力勝天成。
人人懷此念，大地盡光明。

——王雲五：〈反李白春日醉起言志詩〉（注一）

應付困難便是最大的興趣，解決困難也是最優的獎勵。

——王雲五：〈兩年的苦鬥〉（注二）

或者還有人想知道一個無能力的人怎樣應付這般困難的局面。我的答復是：「無論怎樣無能力的人，只要肯把全副精神應付一件事，多少總有一點的成就。」……我生平視為最快樂的只有讀書和做工兩件事。……別人以每日八小時工作為最高度的，我便可以十五、六小時來工作，結果無異兩個無能力的人一體合作。……總可以等於一個稍有能力的人。……如一遇困難便作消極態度，則任何事都不能有成。我有一種特性，就是對於任何困難，決不稍感消極，並且偏喜歡把困難的事作為試驗，以充份的興趣，研究其解決方法。萬一能夠解決，便認為這是唯一的最優厚的報酬。

——王雲五：〈兩年的苦鬥〉（注三）

注一：王雲五，岫廬紀事詩存，頁一六，臺灣商務印書館，民國六十六年一月初版。又徐有守，壬子軒筆記（手寫本，尚未印行）：「民國五十年，雲師賦就〈反李白春日醉起言志詩〉，並自行寫成毛筆草書條幅一紙贈我。此後歷年間常見我師亦寫此贈送他人。」

注二：王雲五，兩年的苦鬥，東方雜誌卅一卷一號，民國二十三年一月，上海。

注三：王雲五，同上。

一、失學自修成功的青少年

王雲五壯遊人間九十二年，在他壯遊所經歷的每一方面，都留下了特殊貢獻。先生自十八歲正式就業起，除畢生曾賦閑四年外，以至謝世止，計工作七十年整。就他所曾從事的幾種專業的時間長短而言，除兼任者不計外，專職於教育界約十五年（包括少年期在上海教英文約八年，及老年在臺灣自政府掛冠後在政治大學政治研究所專任教授約七年），專任政府官員約十六年（包括青年期任南京及北京政府公職約五年，及抗戰勝利後在南京及臺灣兩任公職約十一年），專營出版事業先後合計約四十年（包括早年在上海及重慶期間二十五年及晚年在臺十五年），顯然以在出版界時間最長。而他之在出版界，無論是早年在上海、在香港、在重慶期間，或是後來在臺北期間，對文化和出版的貢獻無不卓越非凡。

毫無疑問，王雲五是天才，但後天奮鬥努力的程度，絕非常人之所及，且終身不改，真正實踐了他常說的一句話：「決不後退，決不屈服，永遠向前①。」他祖籍廣東中山縣，民前二十四年（一八八八年）出生於上海，父親是小商人。因為家庭迷信，不希望他成為士大夫，所以他沒有接受過正規學校教育，而自始只是斷斷續續讀了大約兩年私塾和大約也是兩年英文補習班。這些片斷零碎的學歷，就構成了他畢生所接受過有教師指導的全部教育。但是，他卻天生有強烈的求知慾②，成為罕有的知識貪婪者，更有強烈的反抗性格③，他決不屈服於上天對他的這些不公平安排，而終身努力自修。他愛書如命，求知無厭，博研漢學古籍，更無師自修地讀完一部大英百科全書。竟至中年後在大學博士班講授「中國古籍選讀」等課程；又於戰時以國家代表身份訪問英國，在英國國會和其他地方群衆前，用流暢英語發表正式演說；以我國財政部長身份，在美主持國際貨幣基金及國際銀行大會；他首先倡議並極力推動我國設置博士學位並獲成功，致使其時教育部長張其昀譽之為「博士之父」；中華民國第一名博士也是在他指定題目和全程指導下寫成其博士論文〈漢唐宰相制度研究〉而獲得博士學位④；歷年並奉聘為數十名博士和碩士學位論文指導教授⑤，已知成書出版的著作至少五十一種，主編的書至少四百六十五種⑥，都被學界奉為圭臬。而這許多成就，卻完全得力於他的自修。他晚年與博士碩士門生們某次聚會喝酒後曾說：「我王雲五是什麼人？不過當年一名光腳丫替老闆倒茶的小學徒罷了⑦！」在他任政府高官和政治大學教授時，依規定必須填送「公務員履歷表」，他在學歷欄所填的都是「私塾二年」⑧。但是別人有時稱他為王雲五博士，那是因為他於晚年一九六九年獲大韓民國建國大學贈送榮譽博士學位。

國民革命成功，中山先生於民國前一年（一九一一年）十二月二十九日當選為臨時大總統。三十一日接受上海香山（中山）縣同鄉會歡宴。他那年只是二十三歲的少年，在上海中國公學與留美預備學堂教英文，竟被衆父老推舉為宴會主席致歡迎辭。國父與之素不相識，但伯樂識馬，兩人比鄰而坐，相談甚歡，國父竟即席主動面邀先生為臨時大總統府秘書。他於是辭去教職，而於民國元年進入總統府，初入仕途。直到民國六年（一九一七年）冬辭去所任蘇粵贛三省禁煙特派員職務，離開公職，閉門讀書三年。

當他正沉迷於讀書譯書的樂趣中時，有一位中國公學以前的學生趙漢卿，集資在上海辦了一家公民書局，以專門迻譯西書為出版方針，堅請先生主編一套〈公民叢書〉。雖然他並沒有投資，也不是領取薪俸的職員，只是類如當今所稱特約主編性質的客卿，但卻似可視為先生步入出版事業的開始。這一年是民國九年（一九二〇年），他三十三歲。次年，該叢書第一期書已出版三十三種之多，包括國際、社會、政治、哲學、科學、經濟、教育等七類，多屬西方名著。例如羅素的《社會改造原理》（先生自譯），康德的《道德哲學原論》，休謨的《人性論》，杜威的《民本主義與教育》等。大多是先生選定後委請他人迻譯⑨。從這一書目也可看出自修成功的三十三歲青年王雲五的學術境界與眼光。

①徐有守，壬子軒筆記，錄記先生晚年常作此數語。

②胡適，胡適的日記，民國十年七月二十三日記：「雲五先生讀書極博，他自己說他的好奇心竟是沒有底的。」中華書局香港分局版。

③同注①，錄叙先生晚年追憶少年往事時，每至激昂處必說：「反抗！反抗！」

④同注①，錄叙先生於其時獨力發起並推動我國應實行自設博士學位授予制度以謀學術獨立之事。先生有感於我國博士學位之授予，早經學位授予法予以規定，而多年未見執行。因於一九五七年三月致函考試院長莫德惠，復以副院長身份在該院院會提案，建議由考試院依法定權責，發動與行政院共同訂定博士評定委員會規程；另並親自直接與教育部長張曉峰（其昀）接洽；先後並撰寫〈博士考〉及〈我國博士學位授予之研究〉兩長文（均收入《岫廬論學》一書）鼓吹，終底於成，而於民國四十八年經教育部評定通過授予周道濟我國第一位博士學位。其論文題目為〈漢唐宰相制度研究〉（嘉新學術基金會出版），民國五十六年先生八十大慶祝壽會中，張曉峰（其昀）氏親題「博士之父」四字為賀。自此國人多以博士之父稱譽先生。

⑤同注①，先生所指導的博士論文九名，碩士論文二十三名，都是政大政治研究所學生。至於任口試委員參加口試者另計。

⑥王壽南，王雲五先生年譜初稿，所附參考書目中列有先生著書。商務，民國六十五年六月初版，臺北。另據臺灣商務印書館二〇〇四年庫存書倉單所載，先生所編及主編各書書目，載有四六五種。

⑦同注①。

⑧同注①。

⑨王雲五，岫廬八十自述，頁七二至七五，民國五十六年九月，四版，商務，臺北。

二、創業初期的商務印書館

雲五先生參加商務印書館工作，竟是出於被動與偶然，而且是來自他在中國公學所教過的一位學生胡適的推荐，可以說是一次奇緣。這一奇緣固然使他獲得一個寬闊舞臺來展露長才，開創了他畢生事業；但最重要的卻是使我民族教育文化因有了他半個世紀的主導，而得獲長足發展。

現在，讓我們先來看一看他沒有加入前的商務印書館概況。

商務印書館是時代浪濤所推湧出來的一朵奇花。當商務印書館於民前十五年（一八九七年）初設印刷廠於上海寶山路創業前後的八年期間，我國陸續發生了下列一連串歷史性大事：

一八九四年：清廷甲午戰敗，北洋海軍遭殲滅。

一八九五年：簽訂中日馬關條約、中山先生廣州起義、袁世凱小站練兵。

一八九七年：德佔我膠州灣，俄強租我旅順與大連，英強租我威海衛與九龍，法強租我廣州灣，列強在我國劃定勢力範圍，戊戌政變。商務印書館即於此年創業。

一九〇〇年：義和團事件，八國聯軍入侵。

一九〇一年：辛丑條約。

在上述局勢急變，國運蜩螗之際，朝野驚懼於面臨民族危亡的威脅，革新圖強以救亡之議，風起雲湧，而圖強的方法就是西化。西化的要點是採行西方的民主，科學，與學習製造西方器械。這涉及政治、教育、文化、工業及學術等多方面的新取向，層面廣泛。而具體作為，則表現在政治改革、學術西化與學習西方機械三事。諸如廢八股、科舉考試命題改採策論、翻譯西書、學習英文、興辦新式學校、研讀西方新知識的書籍、興辦船砲工廠等等。為此，清政府和民間在短期內採取了許多措施。僅以民前十四年至民前九年（一八九八年至一九〇三年）短短六年期間而論，在文化、教育、社會等方面就有下列多種重要革新事項出現：清廷命各省選派學生出洋，清廷命各省照山東省學堂章程興辦學堂，清廷頒布出洋學生肄業實學章程六條，規定應分別研習農工商等專門學識，創辦京師大學堂（北大前身），設譯書局，設醫學堂，設南洋公學於上海（上海交通大學前身），設中西書院於杭州，諭知各省州縣大小書院一律改制為西式高等、中等與小學堂，清廷規定學堂畢業生分別給予貢生、舉人、進士等頭銜，山東大學開學，蘇州大學堂開學，河南大學堂開學，各省紛設大學堂等等。種種情形，多如雨後春筍，令人目不暇給。民間則普遍學習英文。

在這衆多行事之中，無不必需仰賴兩大重要媒介：（一）英文和西方書籍。（二）用以大量印製這些書籍的西方鉛字排版印刷術，以取代我國數千年傳統的木刻版印刷。

當這一浪濤洶湧澎湃之際，上海耶穌教會所設的一家名為「上海美華書館」裡，有四位職工，他們是夏瑞方、高鳳池、鮑咸亨和鮑咸昌。由於工作上的接觸，他們發現當時上海廣大修習英文的人，大多購讀一套名為《Indian Readers》的課本（六册），而這套書卻沒有中文注釋，讀者十分不便。他們靈機一動，商請一位謝洪賚牧師編譯成加上華文譯注的中英對照課本，並加上中文書名，第一册定為《華英初階》，其餘五册定為《華英進階》，並且集資四千銀元，於民前十五年（一八九七年）一月設一小型印刷廠，印行該二書初版。這一小型印刷所是國人經營的第一家採用鉛字排版和西式印刷技術，用以取代數千年來木刻版印刷技術的廠家，定名為商務印書館，租店房於上海寶山路，獨立營業。書出版後，為時二旬就銷售一空。於是又繼續重印多版銷售，十分成功，是為商務印書館創業初機。他們這一小小的行為，無意中恰好適應了上述「新式印刷技術」和「英文」兩個因素的時代需要。商務印書館以後能夠繼續發展壯大，也是在這兩種基本需要下，加上歷來主事者卓越的眼光與膽識，豐富的中西學養，以及超人的經營能力所致。本文以下的叙述可供印證。

這家專業印刷廠除繼續印銷《華英初階》及《華英進階》外，並接受外來印件，也兼營一點出版業，獲利豐厚。此後幾年擴展迅速。但因選擇出版物不太精當，例如所印的各書中，有一全套幾十鉅冊的《日本法規大全》，售價不菲，而銷行遲緩，積壓資金嚴重，以致一度轉盈為虧，出現危機。四位創業老闆知道自己學識不夠，必需向外尋求編輯人才，而且也有增加新資金的必要。他們一開始就眼界很高，最初曾商得望重一時的蔡元培同意主持編輯任務。迅即因蔡參加革命事發，為免牽累商務起見，蔡堅決請辭未就。於是又由夏瑞芳另商請張元濟（菊生）同意，於民前十一年（一九〇一年）辭教職到館投資共同主持經營。張為清廷翰林，因涉康梁維新案而離職南下避風，在南洋公學任漢文總教席。夏瑞芳因承印書籍事，常進入南洋公學而認識張翰林。張博學多聞，參加經營後，為書館陸續增設編譯所，印刷所、發行所，於上海寶山路及棋盤街兩處購地數十畝建築館房，創刊外交報，編譯中小學及師範女子學校教科書，及其他各種圖書，資本額也於一九〇二年增加為銀元五萬元。於是這一印刷廠便轉型成為出版商。但仍沿用印書館名稱而並未改稱書局。

自創業以至民國九年（一九二〇年），初期約二十三年期間，書館以驚人速度發展。至民國九年（一九二〇年）時，概況如下：

（一）資本額增至三百萬銀元：最初創業資本額是四千銀元。自民前十年（一九〇二年）首次增資為五萬銀元後，再經民前九年（一九〇三）、民前七年（一九〇五）、民國二年及民國九年（一九一三年及一九二〇年）四次增資，成為民國九年（一九二〇年）的資本額三百萬銀元，是最初四千元的七百五十倍。

（二）廣設分支館廠已有三十三館：已在全國各大都市及海外普設分支館局三十三家如下（按設置先後序）：漢口、北京、天津、瀋陽、福州、開封、潮州、重慶、安慶、廣州、長沙、成都、濟南、太原、杭州、蕪湖、南昌、黑龍江、保定、吉林、南京、蘭谿、衡陽、貴陽、香港、梧州、常德、昆明、新加坡、昆明、張家口、南陽等分支館三十二館，以及北京京華書局（印刷廠）一廠，共三十三館廠。

（三）已出版新書共三、五二二種：從轉型為出版商之年的民前十年（一九〇二年）出版新書十五種二七冊，到民國九年（一九二〇年）的全年三五二種一、二八四冊。二十三年間歷年共計出版新書三、五二二種九、一二四冊，平均每年出版新書一八五種四八〇冊。民國九年（一九二〇年）以前出版物無資料可供查考。

（四）營業額累增至最高年近六百萬銀元：自民前八年（一九〇四年）起，商務書館開始留有營業資料可供查考，該年營業額為四四一、一三〇銀元，到民國九年（一九二〇年）全年高達五、八〇六、七二九銀元，數字膨脹迅速且龐大驚人。在這十七年間，營業額最低之年是最初的民國八年（一九〇四年），最高之年是最後的民國九年

（一九二〇年）。而且依歷年數字顯示，確為逐年屢增，中間並無偶爾降低之年。十七年來營業總額四二、一四二、五三五銀元，平均每年營業額二、四七八、九七二銀元①。

至此，商務印書館已勃然成為其時世界三大出版家之一。三家中只有商務一家是漢文書出版家，另二家都是英文書出版家，分別為 McMillan 和 McGrow-Hill②。

①此處所列四種統計數字，是本文作者依據王雲五著《商務印書館與新教育年譜》一書中，民前十年至民國九年各年數字核計而成。

②世界三大出版家中，兩家是英文書籍出版家，一家為漢文書，固然各有其語文人口市場基礎，但畢竟仍然必須要有偉大企業家居間組織經營，而後始能形成巨大企業；否則，觀乎二次世界大戰以後，漢文人口在世界所居比率並無顯著變更，卻不再有世界性之漢文大出版家出現，足以為證。

三、偶被邀請進入出版業

張元濟參加經營後，原本都自任編譯所所長，後因任總經理館務太忙，才不得不請來高夢旦（鳳謙）先生為所長。高任所長一段時期後，默察國家文化學術發展需要情勢，認為值此西學湧入之際，自己僅以國學一方面的修養來肆應這一總編輯重責，實有不足，而有另覓學貫中西人才自代所長的必要。在他堅持主張，並且幾度出面誠懇商洽下，得到當時學界風雲人物胡適之同意，於一九二一年趁大學暑假期間南來，約定在不接受任何名義情形下，每天到商務印書館，作客兩月。經他親自觀察，切實了解編譯所工作內容後，認為所長所負多為編輯行政責任，與自己個性不很相宜，仍擬回北大任教。高夢旦和商務諸公也只好遵守原先承諾，未便相強，但因絕對信賴和崇拜胡的大名，所以仍誠懇要求胡推薦一位替身。

胡於是在未先徵得當事人同意情形下，推薦了他在中國新公學時的老師王雲五。胡自己說他的推薦是十分慎重的：

訪王雲五先生（之瑞），談了四個鐘頭，他曾教我英文。他是一個完全自修成功的人才，讀書最多，最博。家中藏西書一萬二千本，中文書也不少。他的道德也極高，曾有一次他可得一百萬元的巨款，並且可以無人知道。但他不要這種錢，他完全交給政府，只收了政府給他的百分之五酬獎。此人的學問道德在今日可謂無雙之選。他今年只三十四歲，每日他必要讀平均一百頁的外國書①。

雲五來談。我薦他到商務以自代，商務昨已由（張）菊生與（王）仙華去請他，條件都已提出，雲五允於中秋節前回話。此事使我甚滿意。雲五的學問道德都比我好，他的辦事能力更是我全沒有的。我舉他代我，很可以對（得起）商務諸君的好意了②。

雲五已允進商務印書館編譯所為副所長，此事使我甚滿意。他們要我薦一個相當的人，我竟不能在留學生裡面尋出這樣一個人來。想來想去，我推薦了雲五。他們大詫異，因為他們自命為隨時留意人才，竟不曾聽過這個名字！後來王仙華也薦他做商務總務處的機要科長，他的推薦與我不約而差不多同時，他們更詫異了。（高）夢旦是信任我的，故一力主張請他到編譯所來。後來仙華陪菊生去正式說此事，雲五答應半個月後回信，現在他已表示允意③。

雲五先生老年在臺灣某次飲宴中對其門生徐有守等談及，當時商務印書館各人分別往訪遊說，勸他就任。而最後打動其心的是高夢旦的下面一番說詞：「公民書局雖然是你門生所開辦，你可以隨心所欲自定編輯計畫；但公民書局畢竟創業方始，規模有限，等到它壯大以至於可發揮閣下鴻圖，實有待時日。如今商務印書館業已成為全國規模最大出版家，世界三大出版家之一，分支館店遍佈全國各大都市及海外，在傳播促進文化的功效上，廣泛而宏大。現在既然請閣下主長編譯所，當然是由閣下主導全盤編輯計畫，對傳播促進文化的功效豈止十倍於公民書局？有志於促進中華文化之士，則又何樂而不為之④？」

王雲五是在這年，民國十年（一九二一年）陽曆九月十六日（中秋節）到職，三十四歲。起初沒有接受書館任何職務名義，每日只是到編譯所與所長高夢旦相處，聽從高將所務逐一為之說明介紹，並且把所遭遇的問題提出來共同商量處理辦法。這樣過了三個月，書館要正式聘他為編譯所長，他卻只願為副所長。胡適日記說：

（高夢旦說）雲五好極了，將來一定可以代他。此話使我非常高興。雲五號岫廬，此次真是「雲無心而出岫了」⑤。

十一月十一日，高當時因私事在北平，又去拜託胡適之。

下午夢旦來談。夢旦決計請雲五代他做編譯所長。雲五昨日有信來推辭。夢旦要我作函力勸雲五。他的意思很誠懇，故我答應了⑥。

在胡適力勸下，先生於是在十一月十三日向商務提出了一份「改進編譯所意見書」，很快就得到高夢旦、張菊生和書館各位董事分別同意，並且表示將來必定協助他實現改革計畫。這樣，王雲五終於允諾擔任所長之職。

照原意見書所列，王雲五的改革措施共有七大項，大項下又列有小項，全文長約七千字。現將各大項目原有標題照抄，小項目原無標題，則經本書作者代為摘要並加括弧數字編號，一併開列如下：

甲、所內人員宜更定考成標準也。

乙、以新方法利用舊資料也。

丙、規定所內外編輯事業範圍也。

（一）理想的教科書，編輯上至少當具備五條件。

（二）百科全書、辭典、字典等在編輯上所需中下級人才，以所內人擔任為便。

（三）專門譯著須由專家分任。

丁、全所人員當作為一種有機體之組織，俾收互助之效也。

戊、編著書籍當激動潮流，不宜追逐潮流也。

（一）各科專門書籍亟宜就基礎科學、應用科學等專門書籍為積極計劃編印。

（二）如百科全書、各種大辭書、大字典等，本館雖已稍稍提倡，惟距充分程度尚遠。

（三）手工玩具等可以同時發展德智體美四育，乘此無人競爭之時，急起進行，對教育上之貢獻非淺鮮也。

己、以新組織為舊人擇事而酌補其缺也。

庚、改定暑假例假辦法以期兩全也⑦。

在上列七大項中，丙、戊兩大項是有關編輯政策者，其餘五大項都是編輯行政管理方面的事。當一個集體為一共同目標而工作時，固然必須要有正確政策和方針，但也必須要有善良的組織管理以充分發揮其效能，不可偏廢。尤其在企業中，無論政策或任何部份稍有不當時，都容易引起虧損甚至促成倒閉。王雲五以一書生，一開始就注意到這兩方面，而且所提出的辦法也都十分具體切實。

上述丙項所主張的是有關教科書、辭典和譯書三件事的做法。教科書是商務創業成功及大陸時期幾十年來持續作為主體的業務，成敗得失立即可見，當然十分重要。意見書中對教科書的內容及編撰人才，提出了下列五個必須具備的條件：學識、應用經驗、豐富資料、適當文體、及與其他各科教科書的配合。後來由於這五個條件的付之實際執行，促成了民國九年（一九二〇）以至民國三十年代（一九四〇年代），全國各級學校普遍採用商務印書館教科書。雲五先生為期促成我民族學術獨立，後來更循這一方針推進，首開全國風氣之先，成功的編印了一套水準極高的〈大學叢書〉。至於編印辭書（連同戊項第二目），他認為也要繼續加強從事。因為這不僅是有關學術文化發展所應做的基本工作，而且也是文化事業長期發展生存所必須編輯的書籍，所以，雖然編輯工作費時較長，投資較多，回收也較慢；但是，以發揚學術文化為己任的國家代表性大出版事業，仍必須努力以赴。同時，在辭書編輯上所需用的助理性質中下級人員，可即以館內職員擔任，無需另聘高級專家。關於翻譯書籍，商務原先是為慎重計，聘請通曉外文人才以到館支薪上班方式從事。雲五先生主張可委請各該學科之專家學者在館外從事，按字計酬，既可提高譯件水準，且更可大為降低稿酬支出。

至於意見書中所列戊項，除了字面所主張應領導潮流外，實質是主張編印基礎科學和應用科學等方面專門性和學術性的高級書籍。在此之前，商務原已有大量國學名著出版，例如《四部叢刊》等；雖然也有不少譯自英、日文的應時書籍，但畢竟不是有計畫有系統的大規模從事。現在雲五先生所提出的，卻是為肆應國家長期發展學術需要的基礎性和專門性的書籍。其中所包涵的重大意義是，除了要發揚我國固有文化之外，還更要促進強國利民的新文化進步；除了要肆應現況，急需「迎頭趕上」外，還更要為普及文化而「從根做起」。我國出版業過去對這些方面的書籍與辭典之類，都列之為「長銷書」而非「暢銷書」。這種投資多而回收慢，走高級學術路線，不著眼於短期營業績效的做法，在一般情形下，並不十分樂意為之。但雲五先生則樂為之。從上述各點，可以看出雲五先生與衆不同的眼光和胸懷。這一意見書中各項，後來獲得實現，而使商務印書館以後幾十年，在推進民族學術發展的道路上，越來越具重要地位。雲五先生晚年常說：「我們是事業機構。既然是事業，就必須賺錢，否則就會倒閉；但是，我們卻又是文化事業，既然是文化，就更負有發揚文化和促成學術進步的責任，不能只講求賺錢而忽視文化使命。所以，為了賺錢，我們當然要印行賺錢的好書；但是為了文化，有時雖然明知不賺錢的好書我們也要出版。我們出版的書，十本書裡有六、七本賺錢，另外三、四本有學術價值但明知會賠本的書也要出版⑧。」這段話十分精采，前半段的道理很明白，但是不了解的人可能以為那不過是空洞的理想罷了；而後半段話卻把理想落實了，提出了具體實現前半段話的做法。內行人應該一聽就恍然大悟。這就是在雲五先生主持下，以後商務印書館始終能維持其在文化學術上聲譽卓著的地位，而且營業又始終蓬勃昌榮的大秘訣。值得有識者特別注意。

①胡適，胡適的日記，民國十年七月二十三日記事。
②同上，民國十年九月一日記事。
③同上，民國十年九月六日記事。
④徐有守，壬子軒筆記。
⑤同注①，一九二一年十月十五日記事。
⑥同注①，一九二一年十一月十一日記事。
⑦王壽南編《王雲五先生年譜初稿》，引錄改革意見書全文，載於頁一〇九至一一五。
⑧同注④。

四、編譯所長八年初展長才

雲五先生於民國十年（一九二一年）九月十五日（中秋節）進入商務印書館任編譯所所長，時年三十四歲，領導由三百餘位新舊學人構成的龐大編譯所，直到民國十八年（一九二九年）十一月，時年四十二歲，堅決辭卸離開①，前後為期八年。

必需在此明白敘及一事。原任編譯所長高夢旦於全心全意一手引介雲五先生進館以取代其所長職位後，並且更難能可貴的，完全自動自發請求留在所內，屈居直接隸屬於所長之下的出版部長，目的是便於切實協助雲五先生進入情況。高與王不僅素不相識，而且據雲五先生老年憶往自述，高當年雖然經常密切注意物色各方人材，但卻從來也不曾注意過有王雲五這個青年人的名字。只是由於胡適的推薦，就極力促成王參加商務工作，為求有利書館前途發展，竟不惜犧牲一己身份地位而委曲一至於此。這種古道熱腸與無私無我的精神，實在是商務印書館成功的重要因素之一。

在雲五先生主持下的商務印書館編譯所八年任期內，確實是照他前述意見書的宗旨開展業務，從事改革，而且十分成功。他到職後，首先把編譯所的組織架構，依據學術分類分科原則加以全盤調整，以提高效能；並且與館中各元老一樣，甚至猶有過之，具有取法乎上的氣魄，陸續延攬社會上最高級人材參加商務印書館工作。第一批新人中包括朱經農、唐鉞、竺可楨、段育華等人，都是當時學界名流，而且後來各人無不事業輝煌，聲譽昌隆。

其次，他進館之初就有編印萬有文庫這部鉅編的計畫，雖然不便先行公開宣布，但卻實際著手進行。具體做法是先創編各科小叢書，以作將來統編的準備。這些小叢書，包括百科小叢書、師範小叢書、學生國學叢書、國學叢書、新時代史地叢書、農業小叢書、工業小叢書、商業小叢書、算學小叢書、醫學小叢書、體育小叢書等。那以後幾年裡，這些小叢書按計畫陸續印行了三、五百種，後來並且再進一步另外還編印了各科叢書。上述各種小叢書都以深入淺出方法，各別命題，分請各科專家執筆，以二萬字為一單冊，四萬字為一複冊。單冊定價一律，複冊價格加倍。後來萬有文庫編成了，不僅出版了一集、二集，而且無論在普及文化上或營業上，都大大成功②。

在其他書籍的出版方面，從民國十一年（一九二二年）開始，到民國十八年（一九二九年）止八整年期間，新書出版的數量也逐年增加。尤其第二年的民國十二年（一九二三年），出版了六六七種二、四五四冊，較之他接任前一年即民國十年（一九二一年）的二三〇種七七三冊③，增至百分之二百九十。以後除民國十六年（一九二七年）只有二九七種五三五冊外④，其餘各年都在四五一種到五九五種之間。八年共計出版新書三、八五〇種八、一一二冊，平均每年出版新書四八一種一、〇一四冊強⑤。後來商務幾十年都不斷以「每日一書」著稱於國人，實際上遠從這時起，早就已經是「每日（出版）一（新）書」了。

在出版物的性質方面，最重要的是從原來以中、小學教科書及普通讀物為主軸的出版方針，漸轉變為以學術性和中、高級書籍為主體，從「暢銷書」漸轉變為增加「長銷書」的情形。雖然如此，不僅營業額並未降低，而且更逐年累有增加（參見下文）。為免冗繁起見，姑不錄述歷年出版物分類統計；但大致而言，在大多數年份中，社會科學方面書籍通常都在百分之四十左右，而居大宗。偶爾一、二年會只有四分之一到五分之二左右。所出版各書中，包括下列這些：教育大辭書、漢譯英著湯姆生科學大綱、新編綜合英漢大詞典、哲學詞典、丁福保著說文解字詁林、地質礦物學大詞典、少年百科全書、及上述各種小叢書等這些有名的書籍，都在這一期間出版。而重要的是萬有文庫初集的出版。

營業額是業績的具體表現，當然不是只由編譯所成績所能決定。但是毫無疑問，行銷的成績固然取決於複雜的客觀市場因素和主觀的行銷技術因素，但唯有優良產品才是行銷的最基本因素。而這段期間的營業額也是直線上升，證明了編譯所政策的正確與成功。扼要說來，這八年的年營業額是逐年累增，成穩定性上升的。雲五先生到職次年的一九二二年，全年營業額是六、九〇九、八九六銀元，較之他到職前一年民國九年（一九二〇年）的五、八〇六、七二九銀元，增加了百分之十九。以後逐年累增到民國十八年（一九二九年）的一一、六六八、〇一二銀元，較民國十年（一九二一年）增加了百分之一百⑥。

應該特別說明的是〈萬有文庫〉的出版。雲五先生自己對此有具體說明。確認是由於他本人失學而全憑自修成功的切身經驗，所以很早就特別了解圖書館的重要價值。現在，他主持商務印書館這一全國最大出版機構的編譯部門後，立即想到要把這種推己及人的懷抱付之實現。他說：

我自從二十歲左右便開始感到圖書館的重要。自入長商務印書館編譯所次年，即籌議為國內小圖書館植其初基。我的具體辦法，就是從編印各種有系統的小叢書入手，再進而與各大學及學術團體訂約編印專科叢書；凡此皆所以謀充實圖書館之供應。……質言之，我的理想便是協助各地方、各學校、各機關，甚至各家庭，以極低的代價，創辦具體而微的圖書館，並使這些圖書館的分類索引及其他管理工作極度簡化。……其管理費用降至幾等於零⑦。

這真是一項偉大計劃，設想如此週到，非滿腔熱忱者不能及此。於是在接任所長當年起，他就著手規劃各種小叢書的編印，已見前文所述；並也確實於民國十二年（一九二三年）起，開始與各大學及學術團體訂定小叢書的出版合約；到了民國十七年（一九二八年）元月，因為各種小叢書已經出版得差不多了，於是就積極具體進行〈萬有文庫〉編輯事宜，並且更新編國學基本叢書一百種，漢譯世界名著若干種，以及檢查各種小叢書內應有而尚未編印的各種書，予以補充編印。最後，於民國十八年（一九二九年）春，編輯完成。計收入圖書一千零十種二千冊，一億一千五百萬字，另附參考書十鉅冊。而於民國十八年（一九二九年）四月起，發售預約三個月，於七月出書。預約價每部三百六十銀元。這一款額，以之與該文庫全套書籍相衡量比較，價格實屬低廉，但就當時幣值與物價而言，款額不小，書館為此所投下資金為數也相對可觀，事關重大。但書館高級負責人員於定案前集議時，竟一致贊成投資發動印行，只是在印製數量一端，雲五先生提出印製五千部，僅有一人一再認為過多，先生與之爭執甚烈，堅持不退。幸在高夢旦緩和協調下，終於決定如議印五千部。結果事出意料，初版竟銷出八千部⑧，總價款高達二百八十八萬銀元（包括預約價款及預約期滿後實售市價款），為數龐大。事後研究其銷售成功原因，發現確如雲五先生原始構想情形，主要是除各級學校購買外，各省政府購買用以分配各縣市地方，以供民衆閱覽者，竟達二千部之多，甚至確也有家庭購備者。由於這一文庫如此普遍散播到全國各地，對普及文化也確切作出了莫大貢獻，對商務印書館的企業目的，當然也是一項空前成就。

作為文化企業家的王雲五，顯然不過是整個王雲五生命中的幾分之一而已。因為他是一位終身研究不倦的學者，也是一位成功的政治家。在專任編譯所長期間，他經多年研究後，還發明了「中外圖書統一分類法」和廣泛流行開來的「四角號碼檢字法」。這兩件事，似乎與出版事業無關，但實在有關。「中外圖書分類法」是為了要尋求一種可供商務印書館附設東方圖書館幾十萬本中外藏書分類編目管理之用，因為他還兼任了東方圖書館館長。至於「四角號碼檢字法」，也是為了配合檢索東方圖書館各藏書著作人和編製內容索引之用。因為能以最迅捷和最便利方法幫助讀者找到所需資料，應是圖書館主要價值之一。我們並且可以由此看出，他具有喜歡自行研究解決困難問題的務實天性。

這幾年裡，商務印書館再增加了廈門分館，和運城、武昌、大同三家支館，共增設四個新館，另外還增設了香港印刷所，連前三十三分支館廠，共計已三十八個分支館廠。

雲五先生於民國十八年（一九二九年）離開商務印書館編譯所，雖然是出於自發自請，但細閱有關資料，筆者很疑惑似乎可能是被並未明白說出來而不為他人所知的情勢所迫。因為依他不畏艱難的天性，決不致因為書館強迫他擔任責任範圍外調解工潮糾紛之事即萌退念；縱然確實是為了調解工潮的事，其中也必定另有委曲。試看他老年追述此事時含蓄的措詞，似乎值得玩味：

自民國十五年以來，上海的勞資糾紛迭起。商務印書館的工會是當時企業界中最強有力者之一。糾紛之起，當然以印刷所為主。因此，工潮的發生，如果不是由印刷所所長從事於局部的應付，便應由總經理、協理與人事科科長作全盤的應付，在理不應輪到我身上。但因那時的總經理係由印刷所所長鮑先生兼任。他的年事已高，且為人篤實，不善言詞。其他經、協理亦多屬此一類型。因此，某一次工潮鬧大了，使我不得不挺身而出。結果應付尚屬得宜，一場風波因而平息。此後一遇勞資糾紛，資方都一致推我出馬應付，竟使不應負責的我，轉而負了全面的責任。這些消極的事，偶爾負擔尚可勉為，若漸漸變為家常便飯，那就對於一位需用腦力以應付出版計畫和學術研究的人，未免近乎殘酷了。以此之故，我對於商務印書館的任務，原具有最高興趣者，其興趣便隨工潮增高而日益低落。於是我經過了再四考慮，決心擺脫。⑨

經他費不少唇舌和多次協商後，總算得到館方元老們的勉強同意他辭職，並接受他所推薦的瓜代者何炳松博士。而他本人，則很有趣的是又一次經他的另一位學生楊杏佛的推薦，並得到院長蔡元培（原是先生任職教育部時的部長）的歡迎，到新成立的中央研究院社會科學研究所任研究員。這個所是由楊杏佛以該院總幹事（相當於秘書長職位）身份兼任所長。楊曾經要求雲五先生接任他的所長，但他堅決拒絕了，理由是他很想認真做點研究工作。

①王雲五，商務印書館與新教育年譜，頁二五四，臺灣商務印書館，民國六二年三月初版，臺北。
②王雲五，岫廬八十自述，頁七九至八十。
③同上，頁八三。
④同注①，頁二二〇。
⑤此處數字轉錄自《商務印書館與新教育年譜》一書中歷年記錄數字並據以核算而成。
⑥同注①，頁三三三。
⑦同注②，頁一一一至一一二。
⑧同注②，頁一一一至一一三。
⑨同注②，頁一一八。

五、小別回館任總經理

世事多變，天意難測。雲五先生是在民國十八年（一九二九年）十月到中研院報到就任研究員職，但是四個月後，次年民國十九年（一九三〇年）三月初就回書館任總經理職。當年他初進書館任職，是出於偶然，也可以說是一次奇蹟；現在回書館，也是一次意外，更是又一次奇蹟。但是仔細一想，卻是事有必然。因為商務印書館不能沒有他，促進中國文化的大任中也不能沒有他。

認真說來，他畢生事功，似乎是從此才真正展開。天老爺布置好了商務印書館這麼一個寬闊的大舞臺，然後一步一步又逼迫他走上臺去，還在臺上連續出現一連串嚴重的災難來考驗他，才讓他有機會展示他的志節、懷抱與能力。回館這年，他四十三歲。

這件事起因於原任總經理鮑咸昌於民國十九年（一九三〇年）二月突然病逝。其時書館在職高級人員中多人都適於接替，包括職位僅次於總經理而且多年來即實際分別代行總經理職權的二位經理李拔可和夏小芳，以及高夢旦和協理金邦平。其中李拔可是遜清舉人，名詩人，歷官知府，在館中資高望重。夏小芳是創館元老夏瑞芳之子，曾留學美國。高夢旦是館中元老級人物，人緣極好。金邦平曾任北洋政府農商部長。但董事會和兩位負監理名義的元老張菊生和創館元老高鳳池，竟捨諸此而不為，一致矚意甫經離職數月的王雲五回館接長館務，再次顯示這批執掌商務大計人士的眼光和氣度，實在是商務能夠成功的重要原因之一。於是由張菊生代表董事會，夏小芳代表總務處（即總管理處）分別前往訪請王回館，雖遭再四拒絕仍不灰心，又挽當年力薦雲五先生來館的高夢旦出面力勸。夏更是幾乎隔日一來勸請。王深感拒絕維艱，迫不得已，最後想出一條妙計，提出下列兩個苛刻條件，料想絕難被接受，則當知難而退：「（一）取消現行總務處合議制，改行總經理獨任制，經、協理各盡協助之責。（二）接總經理職後即時出國考察並研究科學管理，為期半年，然後歸國實際負責（處理館務）①。」

這兩個條件當然都很難被接受。因為所謂合議制的總務處會議，正是董事會之下總管理處的最高行政會議，由總經理主席，兩位經理，和編譯、發行、印刷等三所所長出席，共六人組成，並有總務處機要科科長和編譯所出版部部長列席，連前與會共八人。讀者必須了解，會議成員中，主席外的其餘七人都是館內資深人員，而且所謂所長、部長、科長等職稱，都是書館自行訂定，決不能以之與當今政府中諸此相同職稱同等看待，尤其其時社會還不脫農業社會厚道習性，組織內彼此相處間，謙讓多，隱忍尊重多，而表面爭論少，但決非不委婉提出異議。異議一經提出，非有必要，通常都比較不願在會議中爭執。雲五先生晚年偶談及當時書館董事會會議情形時曾說：「當時董事會中各董事，相互尊重。遇事只要有任何一位董事對所討論的事項微有顧慮之意，即無人再多加說明，而該事即告擱置。形成會議每一成員實際都具有絕對否決權，興革不易②。」以彼例此，總務處會議情形亦類似，所以雲五先生才有總經理獨任制的提議。另一條件尤近乎笑談，還未實際就職前即先行出國半年，違乎常情。

但事出意料之外，商務印書館諸公對這兩個條件竟完全接受。不管他們幾位元老基於何種理由，但這種眼光與氣度實在難能可貴。這不僅顯示高層諸公氣度恢宏確能超乎常人，成為商務印書館不斷生存發展創新的基本因素，更可想見必係基於對雲五先生以往八年行事表現所顯示的特殊能力和完全可以信賴之人格所致。事態發展至此，他不能再推諉了，只好在民國十九年（一九三〇年）三月初回館就總經理職，但並未曾有一日實際執行職務，三、二天後，就依照雙方事先約定，於同月七日單槍匹馬出國考察去了。承諸元老好意要指派一位秘書隨行，以便擔任翻譯和辦理旅途庶務工作，但被他婉謝了。

他這次出國，歷時六個月零二日，先後共經日、美、英、法、瑞士、德、比、意、梵蒂岡等九國（過境的國家未計入），參觀公司工廠四十多家，訪問專家五、六十人，訪問研究所及各種團體幾十處。其中以在美國時間約兩個月為最長，多為留在國會圖書館閱讀八百多種管理學書籍；其他在英、德各國各二、三星期不等，共寫有英文筆記四十多萬字。而於同年九月九日返抵上海。九月十一日到商務印書館開始執行職務，同日並提出「商務印書館採行科學管理計畫」。

當他在國外訪問期間，抵達紐約時，紐約時報特別訪問他，於民國十九年（一九三〇年）六月一日以整個半版登載他的照片和一篇二千字的長文介紹他。文中盛讚先生的〈萬有文庫〉等出版品和「四角號碼檢字法」等。結論說：「王先生所領導的公司，主要並不在牟利，而在使中國的教育機會更容易，費用更低廉。這確是解決中國重重災難的基本途徑③。」

①王雲五，岫廬八十自述，頁一二〇至一二一。
②徐有守，壬子軒筆記。
③徐有守，道南從師記，臺灣商務印書館，民國六十六年七月初版，頁一一三至一一八，錄載訪問全文中譯本。

六、初行科學管理起風波

先生所提科學管理計畫迅速獲得董事會照案通過。這一計畫是雲五先生在歸途輪船中撰寫完成，全文長達二萬四千字，除對旅途經過略作數語簡單交代外，其餘都是有關科學管理實際措施的建議與說明，內容十分具體，共區分為十二部（份）說明。由於原件只區分為十二部（份），對各部份並未加具標題；現為醒目起見，本書作者試依各部（份）內容要旨，代為加製十二小標題，並分別摘要試代說明數語如次：

（一）第一部、逐步建立公司總預算：總預算內包括各所、各科、各部、各股、及各個人的分別預算。因必需有成本會計及統計制度的先行建立，以資配合，所以應逐步推進。

（二）第二部、切實建立成本會計制度：是（普通）會計之外的另一專業會計制度。本公司雖原已設有成本會計處，但因無專家，形同虛設。已指派在國外就地新聘之研究所專員周自安赴英、美各大公司實地研究實際方法。

（三）第三部、建立統計制度：為配合建立預算制度，及推行標準化簡單化，建立營業標準等需要起見，已指派在國外就地新聘之研究所專員關錫麟赴英、美大公司研究實際方法。

（四）第四部、印刷廠地合理布置與序列：分就下列各項辦理：甲、全廠布置。乙、各種工作力量（的合理銜結）。丙、廠內運送。丁、原料供給。戊、棧房。己、各種（印刷）底版之存儲。庚、機器之應用。

（五）第五部、建立工作分析及員工個人資料：分就下列三項辦理：甲、全公司工作分類。乙、全體職工總調查。丙、工作分析。

（六）第六部、工作疲勞與動作研究：分就下列兩項辦理：甲、動作研究。乙、節省疲勞。

（七）第七部、建立合理酬勞及獎勵制度分別就下列各項辦理：甲、時間研究。乙、建立售貨人員按件計酬制度。丙、建立腦力（勞心）工作合理工作量標準。丁、破除困難，建立事務員考成標準。戊、建立按件計酬人員工作標準與酬金標準。己、建立按月支酬人員獎勵標準與晉薪標準（並舉述1.分級件工制 Differential piece-rate。2.赫爾西制 Halsey Plan。3.洛文制 Rovan Plan。4.120千特獎金制 Gantt Bonus Plan。5.愛默生制 Emerson Plan。6.貝多制 Bedeaux Plan 等六種供參擇）

（八）第八部、標準化與簡單化：應分就下列三方面進行：甲、設備方面。乙、出品方面。丙、原料方面。

（九）第九部、強化銷售制度：分就下列三項辦理：甲、實施售貨成績相互比較法辦理考成。乙、簡化零售手續以資迅捷。丙、健全對分支館及代銷所供貨制度。丁、建立通信購貨制度。

（十）第十部、健全公司組織功能：分就下列三項辦理：甲、改良組織。乙、釐清權責。丙、訓練人員。

（十一）第十一部、加強勞資關係：分就下列四項辦理：甲、解決勞資問題務求迅速。乙、勞資共研增進工作能率方法。丙、加強勞資接觸溝通。丁、辦理職工升級訓練。

（十二）第十二部、提高本館出版書籍素質及改進印製技術①。

雲五先生以一介從未在正規學校研究西方企業管理之學的無學歷之人，而能於短短幾月之內，獨自在圖書館裡無師自通，讀遍所有數百種英文企業管理書籍，並親赴國外許多知名公司和工廠實地觀察訪談，又向各國知名管理學者專家請教結果，含英咀華，融匯貫通之後，在我國先知先覺的提出這一計畫，實非常人之所能及。他當然知道，儘管董事會通過了他的計畫，但是很可能並不真正被人了解；所以在那一段時期，他一次又一次分別向公司內部的董事會，高級職員，三所一處的四個職工會代表，四個職工會組長以上高級幹部，編譯所重要職員，編譯所職工會代表等六個群體；以及公司外的中國建設協會工商管理協會，滬江大學，大夏大學，中央大學商學院，上海市政府社會局，上海青年會，中國工商管理協會，復旦大學，康元製罐廠等九個政商學術機構，不厭其詳，多次發表演講②。另外，為了統籌規劃實施科學管理起見，實際行動之一，就是首先在公司原有三個所之外，增設一個研究所，並宣布將於次年民國二十年（一九三一年）元月開始實施科學管理計畫。

可能是因為他曾任編譯所長八年，對編譯所了解較切，認為較易掌握，所以選擇先在該所試辦。於是在民國二十年（一九三一年）元月十日發布「編譯所編譯工作報酬標準試行章程」③，內容十分詳明具體，全文約三千字。其實質是把整個編譯工作全程，區分為著作、翻譯、選輯、校改。審查等五種，每種都分別按所需知識程度等條件，區分若干個工作品質等級和成品品質等級，並分別訂定每級報酬的具體標準。不意該章程發布後，所內職員竟群起反對，並在該所原有職工會外，另組一個特別委員會，專門主持辦理反對科學管理這一件事。經該會出面，召集所內職工舉行本所職工全體大會，作成下列五點決議：（一）反對所謂絕對不合科學方法的新報酬標準。（二）詢問所長（其時所長為何炳松）能否保持固有職權。（三）總經理不得越權干涉編譯所內部事宜。（四）將全體同仁意見函報董事會。（五）組織特種委員會。

除以上決議之外，職工會並另行發表宣言，反對科學管理④。

在編譯所策動下，另外三個所也起而附和，形成全館四所一致反對。他的學生胡適之這期間曾有信一面安慰他，另一面也勸他讓步。胡在信裡說：「我很希望你不要因此灰心，但也希望你不要因此趨向固執的態度。凡改革之際，總有阻力，似可用『漫天討價，就地還錢』之法，充分與大家商量。得一寸便是一寸的進步，得一尺便是一尺的進步⑤。」

這件事雖演變成公司全面事件，但因仍由編譯所主導，所以被稱之為「編譯所事件」。

雲五先生老年回憶這件事情時說，他那時決定處理辦法的內心過程如下：

彼時我面對可供抉擇之兩途：其一、就原計畫作重大修改，以緩和各職工

> 會之反對，並維持我自己的體面；其二、則以科學管理之主要對象有三，對人，對物，對財並重，然能起而反對者僅為對象之一之人，其他二者固可由管理部自由處置。我因求治過急，於信譽未孚之時，一舉而圖貫徹全部，遭遇反對，亦固其所。經此挫折，考慮再四，出人不意，自動撤回全案。……只有一、二知我者諒我自動作此大轉變，定然寓有深意。我之深意為何？科學管理在彼時國內尚無行之者，其真相與效用，國人鮮有所知。我既為商務印書館率先嘗試，其成其敗，當為國內企業界深切注意。我如就原計畫修改至獲得職工會之同意，則無異於名存實亡。其施行結果定與期望大異。國內企業界以科學管理在商務書館所表現者如是，不免誤認此有名無實之科學管理為名實相符之科學管理。於是我個人之體面雖幸而維持於一時，然科學管理在我國施行之前途，將遭受重大打擊。我不敢以個人之私使科學管理蒙不白之冤⑥。

揣測當時雲五先生可能認為與編譯所間相互了解最切，所以才選定從編譯所做起。未料卻事與願違。這可能是他生命中最重大挫折之一，更是事業發展途程中重大關鍵之一。因為他畢生事業與聲譽，似乎建基於他在商務印書館的成功，以及後來一二八之後和八年抗戰期間的累次復興商務於破敗之中。在這多次復興過程中，他的愛國心、眼光、智慧、廣博的知識和能力等，都充份展現在國人眼前。而當科學管理計劃初步遭受挫折的時候，他特殊的卓越氣質都還沒有顯現發揮出來，這時候如果氣度狹隘的退出和放棄了商務的崗位，失去了表現的舞臺，則後來的發展究竟如何，實難逆料。

當然，他沒有輕舉妄動離開商務，因為他不肯就此放棄科學管理，於是甘願表面稍稍委曲自己，只變更方式來實行科學管理。從同年二月份起，他改採先對事物與對財務兩方面逐步施行科學管理，因為這些措施與人無爭，而實際負責執行諸此措施的人，都是忠於公司和忠於職務的高級人員，所以推行非常順利。他對事與物的科學管理，依他自己的說明，是從下面幾方面展開：

（一）**產品及原料的標準化**：例如印書用紙數量鉅大，國內又無如此大規模紙廠供應，都賴進口。由於商務書館原來印製的書，大小規格有四、五十種之多，所用紙張規格和品質之不同又達二百多種。為資供應穩定，以及各種庫存紙張保持適量起見，所以庫存紙張必多，因而所積壓的資金也十分鉅大。經他仔細研究後，書籍的規格予以簡化為九種，用紙的種類也就隨之而減化為只要六十多種。於是，庫存紙張數量也隨之大減，所積壓的資金也因而減少了一百多萬銀元。

（二）**提高原有設備利用率**：例如經檢查已有的各種印刷機器，因歷年購置原已過多，而每逢更新的機器出現，又必增購，以致機器多有閑置。經決定停止增置不必要的新機器，儘量利用原有設備。因此，原有機器得獲充分利用，一年之中就節省了三十多萬銀元。

（三）**強化生產單位相互配合**：生產流程中任何一小單元功能稍弱，都會使整個流程受阻，進而使整個流量亦即最後結果的產量降低。所以寧可稍費微款來改善流程上的弱點，使整個流程暢旺，提高整體生產效能，增加收益。

（四）**改進財務管理**：例如發行所歷年進口大量西書，頗多滯銷，實即積壓資金。經予以降價出售，不僅仍不無微利，並將原已近乎無用的存貨，轉變為可用的現金。舉此為例，連同上述三項，都屬於財務管理的改善⑦。

這樣，情勢才漸漸穩定下來。

科學管理是美國泰勒氏（F. W. Taylor）在民前六年（一八九五年，戊戌年）提出，美國大衆多年後對之才漸有所知。延至第一次大戰後才有部份歐洲國家採行，頗著績效，終於成為企業管理方面流行一時的顯學。雲五先生是我國第一位將之介紹予國人者。雖在民國十九年（一九三〇年），距泰勒氏提出已三十六年，但由於我國正值清末民初民族歷史上前所未有的大動盪期間，舉國不安，國人實在還無暇觸及這種工商業進步社會才有需要的管理技術。上述雲五先生所提出的試行科學管理計畫內容所涉有關科學管理各項中，諸多項目確實都是良好制度，但是，莫說當時我國工商業界還無人採行，縱然時至今日，海峽兩岸仍不知道有何企業已經完全採行？企業界甚至至今仍泰多不知其為何物。例如雲五先生計劃書中第五、六、七等三部（份）中所述工作分類、工作分析、動作研究、和時間研究等這一連串作為，也就是今日大學工商管理課程中的motion study，time study，job analysis，job evaluation 和 job classification 等。這一套東西，美國和歐洲部份大企業確實行之尚善，卻並非完美無缺。後來並且還轉而行之於公務界，稱之為公務職位分類（position-clasification in the public service），大致與企業界的工作分類（job clasification）是同物異名的東西。臺灣中華民國政府曾經在一九六八年採行之於公務人員管理上，但因效果不良而且窒礙橫生，引起公務機關、公務人員和社會輿論各方面一致的強烈反對，終於在十多年後又廢除了。事實上，泰勒等發明這一套方法後，在美國初行期間，也曾遭遇到嚴重的抗拒。

依本書作者研究結果，扼要說來，關鍵原是在於這套制度太過科學化，也太過精確切實，使潛藏在工作人員人性深處對工作所要求的某種程度的彈性和糢糊，對自身希望可以獲得的某種程度的懶惰和寬鬆，幾乎完全都被消滅了，所以不易受到被管理者的歡迎。被管理者既然不安，當然增加管理者的困難，隨之也就反對這一制度，推行當然不易。管理者必須注意，人性中永遠存有一定程度的好逸惡勞劣根性，你可以認為這是一種原罪；但是，無論學者專家或被管理者本身，卻絕對可以義正詞嚴地引用許多堂皇學說和理論來為這一原罪辯護，說這種程度的安逸，是應有的生命價值，神聖不可侵犯，類似乎天賦人權的說法。

無論你是否同意這種說法，但這種說法是一種存在的事實，也是一種似乎永遠推不倒的力量。欲求解除這一管理上的困難，就是順從人性，改採激勵手段來誘導被管理者自發自動力爭上游。管理學者們認為，科學管理是基於人性本惡的哲學觀點出發，而稱之為X理論的管理觀點；而順從人性的管理觀點是對X理論的反動，大概從上世紀三十年代開始慢慢出現，認為人性本善，管理者只要加以誘導就好了。學者們稱這種理論為Y理論，而這種管理方法稱為人性管理。人性管理學說風行一時，取代了原來的科學管理。後來更有大致採兩者之間折衷觀點的Z理論出現。從管理學說這種演進過程來看，證明科學管理學說本身確實存有一些實際困難，而不是管理者的個人問題，更不是雲五先生本人的問題。

細察雲五先生所提出的計畫，在十二部份中，真正屬於現在習稱之為科學管理範圍的事項，大概只有一半。其餘例如預算制度、統計制度、強化銷售、健全組織、加強勞資關係、提高書籍素質等六部（份）則非，但絕對都是企業合理管理應該做的事項，絕對不應遭受抵制。而最敏感的，實際是涉及酬勞的有關計算工作成績的那些精確方法。

民國二十年（一九三一年），雲五先生初任總經理之當年，商務印書館規模已龐大無比。這種規模，至少表現兩種意義：第一、顯示其成為世界三大出版家之一的規模實況。第二、同時也隱藏了幾乎所有大企業都永遠存有的內部管理問題。

下述各端足可顯示當時規模：

甲、**資本總額**：至民國十一年（一九二二年），資本額已增為銀元五百萬元。

乙、**營業額**：自民前十一年（一九○一年）起，年營業額除民國三年（一九一四年）較先一年減十萬銀元外，其餘歷年都是累增，至民國十九年（一九三○年）全年營業額為一二、○五五、四七三銀元（一千二百多萬銀元）。

丙、**員工人數**：商務在上海各機構的職員約一千多人，工人三千五百多人（其中機器工人約百分之八十，手工工人約百分之二十；男工約百分之七十，女工約百分之三十），各地分支館職工約一千多人。以上全部人數超過五千五百人。

丁、**福利**：福利措施週備，概況如下：例假日休息、年終全體員工紅利、年老或不能工作者離館退俸金、因病離職者賻贈金、因公傷亡者特別撫卹金、疾病扶助金、員工人壽保險金、火災保險津貼、子女教育扶助金、工作優良獎金、產品優良獎金、職工參加補習教育扶助金、職工特別發明獎勵金、女工工作時間普遍較男工優減、女工生產假六星期、生產保產金、指定免費生育醫院、生育津貼、工廠特設免費嬰兒哺乳室（聘有護士供餵牛奶）、職工免費醫葯、免費施種牛痘、免費防疫針等福利。這些措施，就那一時代的我國而言，恐怕只有像商務這種少數一、二家十分進步的企業才做得到。縱然求之於今日的我國兩岸以及其他國家的許多企業，仍然還是未必能做得這樣好。

戊、**組織**：

（一）公司整體組織體系：

股東會——董事會——總務處（即總管理處）——其下分設下列各單位：1.全國及星、港三十六分支館廠。2.北平、香港二印刷廠。3.總館（印刷所、編譯所、發行所、研究所）。4.附屬機構（東方圖書館、尚公小學）。

（二）總務處組織體系：

總經理、經理、協理——總務處會議、秘書——分設下列各單位：總務、人事、會計、出納、稽核、進貨、分莊、業務、交通、出版等十科；報運、工程、收付簽字、成本會計籌備、印件監查、中國商務廣告等六個股或處或公司；此外還有各種委員會。

（三）編譯所組織體系：

編譯所——所長——編譯評議會、總編譯部、事務部——1.再分設下列十九個專業編輯組：國學、小學課本、英文、教育、歷史、地理、法制、商業、算術、自然、自然界、農業、醫學、化學、物理、萬有文庫、兒童用書、雜纂、輿圖。2.四個委員會：國文字典、英漢實用辭典、外國人名大辭典、哲學大辭典。3.九種雜誌社：東方雜誌、教育雜誌、小說月報、學生雜誌、少年雜誌、婦女雜誌、英語週刊、兒童世界、兒童書報。4.五個分科函授學校：英文科、國文科、國語科、算術科、商業科。

（四）印刷所組織體系：

所長——分設下列各系：設計、工務、事務等三系——再又分設下列十七個股部：製造、排版、鉛印、裝訂、製版、彩印、石印、棧務、庶務、工資、運輸、寄售、人事、營業、統計、設計、修理。——分設六十二個部、房、處、室（其中包括女工哺乳、自動電話、電話接線等三室，是當時國內企業所罕有，全部室處名稱過多，姑免予一一抄列）。

（五）發行所組織體系：

所長——分設下列二十六個處、櫃、部：批發、發貨、現購、賬務、收支、稽核、配貨、本版存書、西書存貨、儀器文具存貨、招待、庶務、收發、郵務、送貨、函授報名、保檢、本版、文具、儀器、西書、定書、美術、寄售、收銀、承印。

（六）研究所組織體系：

1.研究員若干人。2.事務員若干人。3.庶務員若干人[8]。

偶見上述時期中之民國二十三年（一九三四年）我中央政府教育經費預算總數為：四五、七九九、四八六（四千五百多萬）銀元，而商務印書館以一並非民生必需品之民間出版企業，上述資料中所列民國十九年（一九三〇年）營業額竟達一二、〇五五、四七三（一千多萬）銀元，相當於我中央政府全年教育經費百分之二六．三。則其服務於國人文化教育規模之廣泛，可以概見。

①王雲五，岫廬八十自述，頁一七五至一九七，載有科學管理計畫全文。
②諸此演講多留有講詞記錄全文，分別載下列各書刊：岫廬八十自述，王雲五先生年譜初稿，商務印書館與新教育年譜，民國十九年九月後各期東方雜誌，民國十九年十月十五日商務印書館通訊特刊等。
③章程全文共二十六條，約三千字。見《中國新書月刊》第一卷第三期所載〈商務印書館編譯所之軒然大波〉一文；並經王壽南編《王雲五先生年譜初稿》轉錄章程全文於頁二四二至二四四。
④王壽南，王雲五先生年譜初稿，頁二四五。
⑤胡適，胡適秘藏書信集，頁五三三至五三四，經王雲五先生年譜初稿轉錄，頁二四七。
⑥同注④，頁二四六。
⑦同注①，頁一九八至一九九。
⑧莊俞，三十五年來之商務印書館，全文三萬餘字，十分詳細具體，載於商務印書館創業三十五年紀念文集：《三十五年來之中國教育》一書中，經王雲五著《商務印書館與新教育年譜》轉錄全文，頁三〇五至三二九。

七、一二八浩劫後初度苦鬥

俗話說，禍不單行，不無道理。編譯所風波對雲五先生當然是一次大打擊，豈知更大的災禍竟接續來到。那就是成為「國難館禍」的次年民國二十年（一九三一年）的一二八事件。日本海軍陸戰隊於一二八之夜發動突襲我上海閘北，次日繼之又大肆轟炸，而且首先對準位處閘北的商務印書館大本營，包括總館、印刷總廠、編譯所、東方圖書館、尚公小學等建築物狂肆轟炸炮襲，大火繼續焚燒多日，顯然可見日本軍閥蓄意在摧毀我文化重鎮。但因戰火激烈，竟不能前往施救，以至百畝館地上的大片現代巍峨建築，悉成瓦礫灰燼，實在是我民族文化史上的一次浩劫！更是商務印書館的大悲劇！所遭受的損毀，除價值一千六百多萬銀元的設備財產外，最傷心的是舉世聞名也是我國最大的藏書處東方圖書館，三十年來苦心搜羅所得巨量中外名版珍本古籍，多為無價之寶，也完全一炬而化為塵煙。工作人員劫後前往清理，焚後紙灰堆積高至雙膝，無不立即為之淚下。我全國文化界更為之震驚！政界人士孫科、孔祥熙、吳鐵城等，學界的中央研究院、中央大學、中央政治學校、各大學聯合會、上海律師公會、中國著作者協會、胡適、蔣夢麟、丁文江、翁文灝、傅斯年、梅貽琦等，都紛起譴責日本軍閥這種處心積慮摧毀我民族文化的暴行！

所毀損財物，在總館和印刷總廠方面，粗略言之，包括大量館房、廠房、員工住宅、東亞唯一擁有的大批最優良印刷機、大號照相機及各種機械與製版機等、存貨、紙張、鉛字、製版、寄存字畫、中文書三、五〇〇部、外文書五二、五〇〇部、大量卡片與圖表、書稿、字典、圖稿等。東方圖書館方面包括普通中文書二、六八〇〇冊（平均每三、四本合訂成一冊），外文書八〇、〇〇〇冊，圖表照片五、〇〇〇套，四部善本書包括經部三五四種二、九七三冊，史部一、一一七種一一、八二〇冊，子部一〇〇種九、五五五冊，集部一、二七四種一〇、七三五冊。其中宋版一二九種，元版一七九種，明版一、四四九種，清版一三八種，另有手抄本、批校本、稿本、雜本等共一、八五〇種。以上四部各種版本，合計三、七四五種三五、〇八三冊；又方志（包括二十二個省及所屬州、府、縣、市、廳）二、六四一種二五、六八二冊，其中有元、明版一四一種，另有已購進的揚州何氏善本書約四萬冊還在清點中、報章雜誌四萬冊。其他雜項、尚公小學及員工住宅等損失姑略。總計這次東方圖書館損失圖 書六十多萬冊。

上述外文書報八萬冊中，包括罕有的全套珍本書刊多種，例如荷蘭出版的全套通報

（雜誌）（Tung Poa），英國亞洲文會出版的學報（Journal of the North China Branch of Royal Asiatic Society），閩滬出版的教務雜誌（Chinese Rocordu），久已絕版的香港版中國彙報（Chinese Repository），哲學評論（Philosophical Review），愛丁堡評論（Edinburg Review）。以上都是研究各該類科所必讀的書。科學雜誌收藏也很豐富，其中以出版達一百餘年的初版全套遠東唯一孤本的德國李比希化學雜誌（Liebig's Armclender Chemie und Pharmacie）最為名貴。此外，更藏有歐洲公元十五世紀所印西洋古籍（Inconabala）多卷，堪稱稀世珍品。

文化的遭受摧殘和財產的嚴重損失，令人痛心和憤怒；而最現實的是商務印書館這一文化重鎮以及名聞中外的東方圖書館，極可能就此倒閉而陷於消滅的命運①。

有一插曲更可證明日軍摧殘我民族文化的惡毒用心。一二八之夜九時許，雲五先生回到北四川路老家時，正要就寢，忽接本館李拔可經理來電，告知有消息說，日軍將於今夜對上海發動軍事襲擊云。先生稍有疑惑，於是電詢英文大陸報主持人董顯光查證。董說確有此消息，並堅請他去報社一談。到報社片刻，炮聲即起，戰爭已開始，於是只好在附近找一旅館住下。次晨回北四川路，看守房屋的男僕說，黎明時分已有日軍便衣來搜捕先生，失望而去云。而五洲葯房總經理項松茂與其同事十三人，於二十九日上午在店內被日軍便衣隊捕去，迅即遭殺害。從此一事，更證明日軍確實蓄意要摧毀以發揚我國文化為己任的商務印書館，並預謀殘害書館實際主持人王雲五，以圖徹底達成目的②。

雲五先生是怎樣來面對商務印書館所遭遇的這一重大危局呢？

他這時在商務印書館的身份是：第一、他只是一個小股東，決不是老闆。第二、但是他畢竟還是公司的主要經營主持人。第三、可是他剛好遭逢了全館四個所職工抵制他的科學管理風波的打擊。

他此時所面臨的情勢又是如何呢？第一、整個公司在上海基地總部的主要財產近乎全毀，公司瀕臨倒閉邊緣，究應如何處理，尚待苦思。第二、喪失工作場所嗷嗷待哺的數千職工及其家屬，將一切希望都寄託於他這位不是真正老闆的總經理，他負有上述這幾千人生活所需的重責大任。第三、處理這一嚴重災難和數千人生活所需的財源何在？

在上述這種惡劣現實情況下，他自知可以有兩種不同的選擇：究竟是乘機逃避？抑或是奮起迎戰？現在我們來聽聽他自己析述作成決定的原因和心情罷：

這時候上海四馬路一間事務室內，擠滿了無數喧嚷和哀泣的人們，或要求救濟，或詢問將來辦法。但是這種喧嚷和哀泣的聲音，總掩不了十里外傳來的鎗砲聲，尤其是炸彈聲。室內有一個經夜未曾闔眼的人，一方面應付這許多人的要求和呼籲，一方面傾聽外間的鎗炮和炸彈聲，又一方面內心正在打算：趁此擺脫一切，以謀一己的安逸和一家的安全呢?或是負起一切的責任，不顧艱苦危險，不計成敗利鈍，和惡劣環境奮鬥，以謀打出一條出路呢?結果他竟然下了最大的決心，他雖然在這個機構只是一位極小的股東，他和這個機構的關係也不過十年，比諸許多同仁們畢竟還是後進。他如果趁此卸責，或者尚不致有人責備他。同時，他還有八十多歲的老父，將近八十歲的老母，以及尚在提抱的幼兒，他明知肩負這種責任，可以陷他於極度的危險，使其全家老幼失所依賴。但是他一轉念，敵人把我打倒，我不力圖再起，這是一個怯弱者。他又念，一倒便不會翻身，適足以暴露民族的弱點。自命為文化事業的機構尚且如此，更足為民族之恥。此外，他又想起，這個機構三十幾年來對於文化教育的貢獻不謂不大，如果一旦消滅，而且繼起無人，將陷讀書界於饑饉。……他明知前途很危險，但是他被戰場之血與奮了，而不覺其危險③。

他是個倔強的人，他想到的只是國家和文化，卻忘記了個人。當日人如此明顯蓄意摧殘我民族文化時，他內心更倍增維護民族文化的鬥志。經過很快的思考後，他決意奮起迎戰!民族自強精神和企業責任感，使他的血液沸騰了!他的眼睛也紅了!他決定要起而奮戰！但是另一方面，他內心同時也作成決定，一待責任已了之日，就要辭職另作個人規劃。

正確觀念和道德勇氣固然令人欽仰，但實際處理這種困局卻不容易。他知道，必須高瞻遠矚，眼光遠大；他更了解徒善不足以為政的道理。概括在那一個短期間，他先後所作成的重要決定，似可代為歸納為下列幾項：

（一）時值夏曆十二月下旬，春節即將來臨，立即發給同仁緊急救濟金，以度年關。

（二）原備供發配全國分支館售賣的印就書刊存貨，百分之九十都已毀損；而除發行所外，該館在上海其他各處辦公房屋也都已焚毀，三千餘職工也失去工作場地。因之，公司自無法負擔職工長久坐食的薪資，不得不將上海職工全部予以解雇，付給解雇金，以勉維公司繼續生存。

（三）以除夕前收到的應收款支付除夕前所有應付款。

（四）通知各地分支館照常營業，並力求緊縮。

（五）切實採取步驟，規劃本年秋季必須復業。

（六）指派兩經理分別前往北平與香港兩印刷廠，監督兩廠謝絕外來印件，全力專責印製本公司書籍，以利供應與復業。

在以後陸續多次董事會中，除接受他有關上述各項的提議外，並在他規劃下，另又作成多項決議付之執行。現將其中最重要的多項決議摘錄於下：

（一）公司在上海所有各機構，包括總務處、編譯所、印刷所、發行所、虹口與西門兩分店，一律停業。

（二）總經理及兩經理辭職都照准。

（三）由董事會組織特別委員會，辦理善後事宜。以張菊生、高夢旦等九人為委員，王雲五、夏小芳、鮑慶林三人為常務委員。後又加設委員長一職以張菊生任之，及加設主任常務委員一職以王雲五任之。

（四）清結償還同仁在公司所有存款。又、總館各同仁薪水除已發至一月底者外，另再加發半個月。

（五）特別委員會下設善後辦事處，並酌留人員在處辦理善後，每月發給津貼，按各人原支薪水折扣發給。

（六）分支館同仁薪水，按等級高低作成差別折扣發給，低級者折扣從優；並酌為裁減員額④。

以上各項決議及措施中，最敏感者當然是解雇全體職工一事。這時候，向以工潮最多聞名於時的商務印書館，職工當然立即起而作有組織的反抗，最後並且準備向法院興訟，而怨恨矛頭全集中在先生一身。這種遭受誤解的情形，雖早在先生預見之中，但他為公司復業設想，及復業後職工才有可能回館工作設想，不得不向董事會提出先全體解雇的建議。他自己說，他這是「以『菩薩心腸』，作『魔王姿態』的不得已措施⑤。」這一解雇糾紛，自三月中旬起，並經再四協商，又迭經上海社會局多度調解，最後且由上海聞人王曉籟、虞洽卿等人出面居間，終於同年六月十八日，在公司委曲求全再三讓步情形下達成最後協議，消除了職工的爭執與規劃中的興訟，和平解決。公司並允諾將來復工時，將儘先錄用原有職工。而在這長達幾個月期間，所有辱罵、威脅和恐嚇，都集中於雲五先生一身。中途且有數度情狀十分恐怖。親友耽心他和他家人的安全，力勸他辭職他去。但他「自計人皆有死，只要為公家盡職而死，既然於心無愧，也顧不得許多⑥。」而且為了不影響公司以後的復興起見，他隱忍多端，也不作任何辯解。當時胡適之致函先生說：「南中人來，言先生鬚髮皆白，而仍不見諒於人⑦。」而正在這一人事糾紛高潮之際，他的父親又不幸去世。親友更多有勸他趁機守喪在家一月，藉避鋒頭。但是他卻「以為臨難苟免，不是我當做的事。……因此，我不惜短喪廢禮，於三日內喪葬畢，即照常出外任事⑧。」強哉斯人！

---

①商務書館遭焚損是當時舉國震驚的民族重大災難。該館災後立即從事切實情點，並在公司董事會提出具

體詳細報告。另該館重要高級人員何炳松氏先後撰有〈商務印書館被毀記略〉，〈一二八商務印書館總廠被毀記〉，〈商務印書館及東方圖書館被日人焚毀〉等文，分別刊載於《東方雜誌》二十九卷第四號，《新書月報》二卷二、三期合刊，及《浙江省立圖書館月刊》一卷一期。此處係根據何氏上述〈商務印書館被毀記略〉一文內容摘錄。

②王雲五，岫廬八十自述，頁一〇二至一〇三。

③同上，頁二〇一至二〇二。

④同注①，頁二〇二至二〇四。

⑤王壽南，王雲先生年譜初稿，頁二七五。

⑥同注①，頁二〇四至二〇六。

⑦同注①，頁二〇五。

⑧同注⑤，頁二七八引錄尚未印行之先生自撰年譜稿。

八、廢墟餘燼中開展奇花

依雲五先生自己的敘述，從一二八事件應變之始以至復興之初這一期間，要做的事可以概括為下列五大項①：（一）當前人事糾紛。（二）籌備復興。（三）復興後的人事問題。（四）復興後的生產問題。（五）復興後的編輯計畫。這五件事，無一不涉及廣泛。

民國二十年（一九三一年）八月一日，也就是一二八事件後六個月，商務印書館終於如預定限期在上海復業。包括總管理處，發行所，以及新設的三家小型印製工廠，都正常恢復工作了；而且董事會仍選任先生為總經理及李拔可與夏小芳二人為經理。

在設備方面，工廠使用的機器，是以劫後毀損過的部分殘留機器修復使用。廠房則是在租界內另行租用別人的房子。用人方面，確實履行諾言，陸續進用了大量舊人，甚至還進用原來最反對他科學管理計畫的一些人。依原先承諾，復工後進用人員中，可以有百分之二十是新人。但是，復業一年後，進用了職工一、二六五人，其中只有四十幾個是新人；換言之，進用的新人只有百分之三強，百分之九十六、七都是舊同仁。泱泱大度，完全不計舊怨②。在俸資方面，原則上是高級職員薪資減少，工作時間增加；其他職員則薪資不增不減，而工作時間有增加；工人的工作時間仍舊，但工資卻多有增加。例如鉛印熟工以前平均每月所得為銀元五十一元三角現在平均每月實得六十三元六角③。

為了宣示公司所抱持的強烈國家觀念與文化精神，也為了激勵同仁起見，雲五先生用巨大字體寫了「為國難而犧牲；為文化而奮鬥」十二個大字，高懸於發行所，十分觸目。他在這一時期前後種種言行，以及最後畫龍點睛的更寫下這十二個字，所顯示商務印書館無時無刻不懷抱愛國家、愛民族、愛文化的強烈自尊心，以及強韌的奮鬥反抗精神，引起國民普遍的共鳴和欽敬。

就大我立場言，他這一期間的許多作為當然都十分正確；然而，卻很少有人會想到，他個人內心卻十分沈重。事隔約三十年後，他已年逾八十時，才扼要說出當時他個人所遭受環境的壓力：

一二八之役後，當我苦心孤詣，進行商務的復興工作時，內不見諒於職工，外不見諒於股東。職工方面，認為我主張全部解雇再行分別進用，手段未免太辣；股東方面，認為我對解雇的職工每人給了不少的解散費，而對股東按年應得的股息，卻沒有先行籌發④。

然而，卻有一意外收獲，從這時起到民國二十六年（一九三七年）七七事變的五年半期間，他遭遇的阻力比較少了，因而得以一步一步推進他的科學管理計畫，不僅使商務印書館賴以復興，而且在許多方面更超越了一二八前的成就，掀起了新的高潮。具體情形分述如下：

甲、資金方面：

民國二十年（一九三一年）一二八事變後，將原有資本總額五百萬銀元，減資為三百萬銀元；後經逐年分別四次，每次以盈餘五十萬元轉為增資，最後於民國二十六年（一九三七年）恢復至五百萬銀元原資本總額。

乙、組織方面：

（一）**調整公司組織**：他在一九三二年八月一日復業之前的七月間，先修正了公司章程和有關規章。修正後的總經理權責比以前集中。要旨如下⑤：

1.將原總務處改為總管理處，為全館最高行政管理機構。

2.總經理為總管理處首長，主持總管理處一切事務，經理二人輔助之（徹底摒除前合議制時期殘存的集體領導習慣）。

3.總管理處設生產部（下設編審委員會及出版科等單位）、營業部（原發行所移置於此部之下）、供應部、主計部、審核部等五部；及秘書處、人事委員會；撤廢原有印刷、編譯、發行、研究等四所。

4.五部各設部長一人，分別由總經理、經理、協理兼任之；各部下分別各酌設次級單位。

5.各部辦事規則由總管理處定之。

6.本章程的訂定及修正由董事會議決之。

7.後於一九三四年十月增設編審部，廢除原編審委員會⑥。

（二）**大編輯部主義**：「大編輯部」這個名詞和觀念都是出自雲五先生心裁⑦，用意是在描寫復興時期所採取的編審人員用人政策，減少任用到館上班支俸的編審人員，而偏重於倚賴館外文化學術團體著名學者以契約方式受託辦理。

（三）**新設大學叢書委員會**：雲五先生多年前即規劃出版大學叢書，以助我國學術獨立。到民國二十一年（一九三二年），願望終告實現，成立大學叢書委員會。所聘大學叢書委員會委員五十五人，幾乎將當時國內學界各主要學科權威學人網羅殆盡，諸如顧頡剛、蔡元培、張伯苓、馮友蘭、陶孟和、胡適、翁文灝、馬寅初、竺可楨、吳經熊、王世杰、李四光、秉志等，無不受聘為委員。委員會任務有三如下：1.訂定全套大學叢書書目。2.介紹或徵集大學叢書稿本。3.審查大學叢書稿本。至於大學叢書的具體規劃，大致如下：1.分集編印，第一集暫定為三百種，於五年內出齊。2.每種以十五萬字至三十萬字為度。3.稿本須經委員一人以上之審定⑧。後來教育部國立編譯館也起而仿效，而有部定大學用書的編印，其他書商也陸續有類似名稱的大學用書出版。

（四）**設東方圖書館復興委員會**：聘請胡適、蔡元培、陳德輝、張元濟、王雲五等五人為委員，規劃恢復東方圖書館有關諸事宜⑨。

丙、提高工作效率措施：

（一）**制定獎勵金辦法**：兩年前，民國二十年（一九三一年）元月，雲五先生基於科學管理構想，首先提出〈編譯所編譯工作報酬標準試行章程〉，遭遇嚴重挫折，形成所謂「編譯所事件」，以致不得不自動撤回原章程。現在，民國二十二年（一九三三年）四月，他另提出一套非常詳細複雜而具體的〈同人獎勵金分配暫行章程〉。前後兩章程主要不同之處，前者是僅對「編譯所職工」每月基本收入的「月俸」提出新計給方法；後者獎勵金章程則是對「全館職工」一年只有「年終一次的獎金」計給新方法的規定。這一章程連同附屬規章實際包括下列三種章則文件如下：1.章程本文，全文七條。2.依上述章程訂定的〈總館特別獎勵金派發暫行規則〉十六條。3.依上述章程訂定的〈分支館特別獎勵金派發暫行規則〉十二條。以上三種章則雖然合計也不過三十五條，但是大部份條文都很長，規定得十分具體而細密，以致篇幅長達一萬字左右。這些規章內容，要旨是認為，原有的公司全體同仁年終普遍分派紅利制度，由於既然是對全體同仁普遍發給，又是按原有階級俸額比例發給，行之既久，流而成為變相俸薪的一部份，失去獎功勵優的作用。所以現在改為，將原來年終用於分紅的全部款額，區分為兩半，一半仍然照原有紅利制度分派給全體同仁，另一半則改為特別獎金，限用於獎勵成績特優員工，並對特別獎勵金訂定評核事項、具體標準、以及評分標準。尤其對分支館的評核，定有一長串營業成績數字標準，明確易行⑩。

（二）**制定〈商務印書館同仁長期獎勵儲蓄規則〉**：用意在鼓勵同仁在原定退職金之外，另以自動儲蓄方式增加退休養老準備，每一職工得以月俸最多百分之五及年終獎勵金一個月以內的數額，依本規則各項規定儲存於公司，年息一分，並按存入年數，以累進利率計息，最高至一分二。月薪在五十元以下職工存款，每一元並以二元計息⑪。

（三）**制訂總分館計算盈餘制度辦法**：這也是出自雲五先生的構想。原行辦法是總館與分館年終結帳時，其盈虧分別各自計算。凡貨物一經總館發給分館，不論分館實際是否已經售出，總館都列為已售出而予以計算利潤，因而衍生缺點很多。現改為總分館統合作一整體計算，如此不僅符合實際，而且更為穩健，對分館營業並有助益⑫。

（四）**確立各單位各層級權責劃分制度**：權責區分明確，是提高工作效率重要方法之一。民國二十一年（一九三二年）訂定〈總管理處處理重要事務暫行規則〉，就職工進用、款項開支、進貨、購買外幣、出版造貨之委託、購買版權、檢查、工作改良、文書、契約等十項工作的辦理權責和決定權責，一一具體規定明確，切實易行⑬。

丁、主要出版書籍：

這一期間，商務印書館在對全國學術文化供應責任和企業復興的雙重要求下，所採取的出版方針似可稱為三途並進：第一、配合教育部規定的新課程標準，儘速編印中、小學教科書供應全國需要。第二、為普及社會教育，充實全國各地公私立圖書館及私人藏書要求，繼續編印各種叢書。第三、繼續加強出版學術性新書。現就其執行上述三方針的實際績效，分別摘敘如下。

關於中小學教科書的供應，除盡全力提製一二八事變當年學校秋季開學所需教科書，並獲圓滿成功外；復配合教育部新頒課程標準，分請名家編撰，於民國二十二年

（一九三三年）印行一套新編〈復興教科書〉，深受全國中、小學歡迎。除繼續印行萬有文庫一、二集外，並新編〈萬有文庫簡編〉印行。

關於出版叢書方面，在此期間，新出版的叢書主要有下列各種：大學叢書（已出版三百多種）、影印四庫全書珍本初集（二百三十種書、一千九百餘冊）、四部叢刊續編（五百冊）、四部叢刊三編（五百冊）、叢書集成（叢書百部、四千一百種書、四千冊）、宛委別藏（四十種書）、萬有文庫二集（七百種書、二千冊）、國學基本叢書（四百種書）、中國文化史叢書（八十種書）、中山文庫（八十種書）、化學工業大全（十五鉅冊）、小學生文庫（五百冊）、幼童文庫（二百冊），及六省通志、日用百科全書等共十五種。

另還出版了下列分科叢書：現代教育名著叢書、師範叢書、比較教育叢書、公民教育叢書、新時代法學叢書、實用法學叢書、現代問題叢書、中學生自然研究叢書、現代文藝叢書、自然科學小叢書、工學小叢書、醫學小叢書、世界文學名著、景印十通等十四種⑭。

雲五先生經多年搜購，獲各種年譜一千三百多種，並完成編輯整理工作，彙成一套叢書，名之為年譜集成，行將付印，惜乎恰逢七七事變發生，而不克竟其功⑮。

上述各叢書各有其不同的讀者對象，分別給予各該不同對象讀者莫大便利。而其中尤以萬有文庫一書，對象廣及一般學校和各地偏遠地區社會大衆，對這些無書可讀的讀者來說，確有莫大幫助。截至民國二十六年（一九三七年）止，全國各地賴這一文庫而新成立的圖書館竟有約二千所。在這部書已經幾乎遍銷全國之後的民國二十二年（一九三三年），教育部國立編譯館奉令選出萬有文庫中四百十二種書，由教育部通令全國中等學校採用為第一輯用書⑯。這是政府機關罕有之舉。

至於有關一般書籍出版方面，成績更屬可觀。從一二八之前的民國七年（一九一八年）全年出版書籍四二二種開始，以後歷年也早都超過平均每日出版新書一種的最低標準。現在，雖經一二八浩劫，全館陷於崩潰邊緣狀況後，經過雲五先生和全體同仁的共同努力，竟出現上述一片榮景奇蹟，一切都恢復得很快。就在復業三個月後的當年十一月一日，雲五先生宣布：自當日起，以後「每日一書」⑰。又一年兩個月後，民國二十三年（一九三四年）元月，更進一步宣布：自該年起，以後「至少每日一書」（不包括教科書）⑱。這一宣布，不僅確獲實現，而且直到一九三七年七七事變前，每年每日都持續維持這一標準，至少日出一新書。抗戰前後，我國智識份子每談到商務印書館時，除了欽佩其豐富的文化貢獻之外，腦中最鮮明的印象就是「每日一書」和「科學管理」這兩件事。

「每日一書」只是一個最低目標，實際出書的具體情形究竟又是如何呢？一二八事變當年的一九三二年，因受戰禍摧殘，以致有半年以上停止出版書籍，而使該年留下僅出版新書六十一種的最低紀錄。但自次年民國二十二年（一九三三年）起，迅即恢復強勢出版力，而彈跳成該年出版一、四三〇册，繼續的民國二十三至二十五年（一九三四至三六）三年，更突飛猛進，分別為二、七九三册，四、二九三册與四、九三八册。雲五先生自己說：

（商務印書館）三年間，出版總册數為一二、〇二四册，較諸一二八前之（民國）二十、十九、及十八年三年間出版之總册數二、九八四册，竟超過四倍。以遭遇三倍於其資本總額之損失後，未得分文之賠償與補助，純賴自力苦鬥，而其出版新書之多竟四倍於未經任何損失之時。因此，無怪有人視此為一種奇蹟⑲。

再舉七七事變前我國新書出版最多的一九三六年為例來說明⑳，該年全國新出版物總數為九、四三八册，而商務一家即出版了四、九三八册，占百分之五十二強，超過全國總量的半數。如再以另一統計數據來看，在全國三大出版家中，同年中華書局出版新書一、五四八册，世界書局二三一册，較之商務印書館上述數字至為懸殊。另就一九二七年到一九三六年十年期間的商務、中華、世界三家新書出版數字而言，商務一七、九九五冊，中華五、九九一冊，世界三、八七八冊。此十年期間三家合計出版二七、八六四冊，商務一家竟占百分之六十四點五㉑。凡此都無不顯示商務出版能力的驚人。此外還有更多詳細統計數字，姑不贅引。

戊、營業情形：

以商務本身出版新書最多的一九三五年為例，商務的營業額為一〇、三六三、二九三·七二銀元（其中上海發行所三、一九二、七〇二·五六銀元，海內外各分館共七、一七〇、五九一·一六銀元），比一九三四年的九、八〇四、二〇八元，增加約六十萬銀元㉒。

己、工作效能：

根據上述種種事實，證明商務印書館在雲五先生主持領導下，其工作效能十分驚人，所以能在炮火摧殘後恢復迅速。但是，雲五先生何克致此？其中原因究竟為何？茲就個人研究所得，認為實因雲五先生具有下列幾種特殊氣質為之主導：

（一）**強烈愛國心**：雲五先生歷來言論，規劃，行事，都很容易予人一種印象，其內心充滿強烈愛國心。每有考慮，無不以促進我文化為最先目標，並隨同表現出我民族大無畏精神。尤其在一二八炮火之夜，於個人經受重大挫折及國家遭逢外來傷害之後的極端痛苦中，竟甘置一己身家性命安全於不顧，不屈於日敵打擊，仍作成決定，以恢復此一文化重鎮功能為己任。他說：「我們努力恢復商務印書館，間接上也可以為國家國民爭一點面子㉓。」

（二）**奮鬥不屈的天性**：雲五先生命運多舛，少年就學不順，但求知慾卻沒有止境，所以不斷設法爭取求知機會。他說，十六歲那年：「我已漸養成對環境的苦鬥習慣㉔。」後來任職商務印書館再四遭遇大局挑戰，他每次都奮起搏鬥，而且都用「苦鬥」這個名詞來描寫自己的心理狀態，無意中流露出他那種為民族文化而奮鬥的不屈精神㉕。到了老年在臺灣，當只有三、二少數十分熟悉的人在場，如有人談及不公不平之事時，他常會脫口而出：「反抗！反抗！」再從另一件小事也可以證明，他晚年在臺灣的座車司機老陽幾次對我說：「只要雲五先生在車上，就嚴禁司機倒車㉖。」這都是他那種永不後退性格的表現。這個永遠潛藏在他內心深處，不向環境命運低頭的反抗意識，正是我們習慣所說的奮鬥精神！

（三）**積極的規劃**：從上文所述有關館務復興的種種措施來看，不難了解到雲五先生的規劃週詳細密與得當；而且高瞻遠矚，氣魄非凡，目標宏大。在謀求企業發展時，充滿了企業家應有的無盡企圖心，毫不謙虛。企業組織之所以稱為企業（enterprise），正是因為必須要有無盡的企圖心（enterprise）。

（四）**感人的至誠**：一二八之前的商務印書館在上海向以工潮頻繁著稱。館內每一所、處都有獨立的職工組織，而且有一段時間都是以先生為對象。一二八事件半年後，可能是在雲五先生的至誠感召下，以及振興此一偉大文化事業以共赴國難的共同了解下，職工有所覺悟，所以不僅不再動輒罷工，而且加倍努力工作。例如機器的使用，原來不僅有些機器完全閒置，縱然使用中的機器，每日只是運轉八小時，使用率也只有三分之一，下班後即聽任停止運轉。一二八半年後復業，機器每天運轉二十四小時，工人改採三班制，並願意在政府規定範圍內增加和延長工作時間，因而獲得更多工資，大大提高了書館的生產力。雲五先生說：「商務印書館現有的機器僅當從前的百分之五、六十，工人亦不及從前之半；而生產能力卻當從前之二倍有半。印刷工人的平均收入，較一二八以前增加百分之四十二，製造成本卻較前減低不少。」以較少的機器和人力，竟能負擔復興加上創新的雙重生產任務，這就是雲五先生復興工作順利迅速的秘訣㉗。

對於上列四點敘述，也許可能會使讀者產生些微疑惑，認為是否已把雲五先生的作用有所誇大渲染？答案是並無誇大。這可從下述幾件事得到證明。雲五先生後來說：他本來打算在館務復興工作完成後，「當即急流勇退。曾將此意明告各董事。董事諸公雖力言本公司賴余獨力苦鬥而得復興，復興以後，待發展之要務尚多，端賴余繼續主持㉘。」而且一二八以後歷年股東會上，作為股東會主席也是公司元老的張菊生，每次必定公開說明他代表公司向雲五先生致謝㉙。雲五先生老來甚至更說出他與張菊老間的關係狀態：「余初入商務，（與菊老）彼此雖尚融洽，究非無話不言者。及一二八以後，菊老知我益深，不僅在公務上無事不力為支持；即私交上亦無話不說㉚。」這種種情形所表現大家對他倚賴支持之殷切，證明他對商務貢獻之非凡；但卻因此而使他原懷棄而他去之念，不免有所遲疑；而這個遲疑卻救了商務。到了老年在臺灣時他說：

我在〈兩年的苦鬥〉一文中已經明白表示我的決心，一俟商務書館在一二八所受損失全部恢復，我便辭去商務書館職責。到了（民國）二十六年五月，商務書館的股東會在結算盈虧及資產以後，業經通過把商務書館因一二八的損毀而減少資本之數完全恢復。那時候我本決意辭職，祇以一念之游移，不忍把一手恢復的事業驟然放棄，打算再費半年功夫，為它準備將來的計畫，再行辭職。不料七七戰事起，繼以八一三的全面抗戰，臨難不苟免之義為我生平所服膺，故第二度的決心便是苦撐戰時的危局，俟抗戰結束，再行擺脫㉛。

①王雲五，兩年的苦鬥，經全文錄載於《商務印書館與新教育年譜》頁三九九至四一四。此處所引用五項要務，在頁四〇一至四〇二。
②王雲五，商務印書館與新教育年譜，錄載先生在復業一週年慶祝大會上演講詞，頁三九二。
③同上，錄載先生在民國二十一年股東常會上報告文，頁三六九至三七〇。
④王雲五，岫廬八十自述，頁三四六。
⑤王壽南，王雲五先生年譜初稿，頁二八五至頁三四七。
⑥同上，頁三一二。
⑦同注①，頁四八七。
⑧同注④，頁二一三。
⑨同注⑤，頁二九六。
⑩同注①，頁三七三至三七四，錄有三種章則全文。
⑪同注⑤，引錄先生自撰年譜稿，頁三〇八至三〇九，錄有規則要點六項。
⑫同注①，頁四八七至四九三。
⑬同注①，頁三五〇。
⑭同注①，頁三九九至四一四，錄有〈兩年的苦鬥〉全文約二萬字，內有具體記述及多項統計數字。
⑮同注⑤，頁三二一至三二二。
⑯同注①，頁三六七。
⑰同注⑤，頁二九三。
⑱同注①，頁四一五。
⑲同注④，頁二二五。
⑳同注①，頁五八五。

㉑同注①，頁六二六至六二七。

㉒同注①，頁五六五。

㉓同注⑤，頁三〇三，錄載一九三三年八月一日商務印書館復業週年慶祝會上先生講詞全文。

㉔同注④，頁二九。

㉕岫廬八十自述一書目錄及內文多處。都不斷使用「苦鬥」一詞以描敘歷次經過。

㉖徐有守，壬子軒筆記。

㉗王雲五，兩年的苦鬥，東方雜誌，一九三三年，十二月。

㉘同注①，頁六二四至六二五。

㉙同注①，民國二十二年及其後連續數年商務印書館股東會議紀錄。

㉚同注①，頁七十八。

㉛同注④，頁三四八。

九、抗戰初期的四年苦鬥

國難館恨，真正是一波未平，一波又起。民國二十年（一九三一年）一二八災難的遺禍好不容易剛剛補平，民國二十六年（一九三七年）的七七事變隨之又起。個人的命運，企業的命運，無不與國家的命運息息相連。這對雲五先生而言，更是如此。所以他常常說：「我每到覺得可以做一點事情的時候，困難就來了①。」不過，我們卻要補充一句：「每當困難來了，雲五先生可以多做一點事的機會也來了。」

七七事變爆發後，政府於七月十六日在廬山召集全國各界名流，舉行國是談話會。雲五先生也在應邀出席之列。蔣委員長在會中明白宣示「寧為玉碎，不為瓦全」的長期抗戰決心。雲五先生了解暴風雨即將來臨，深知所將引發的災禍，無論對國家或對商務印書館，都必將比一二八嚴重百倍。於是迅速返滬，立即展開長期性措施。而局勢的實際發展果不出所料，不久即有八一三滬戰的繼續爆發，因而展開了他自稱為「八年苦鬥」的生涯。為叙述便利起見，現以太平洋戰爭為分界線，將這八年分成前後兩期來說明。

先講前期在香港的四年五個月。

他預料上海勢必淪為戰場，決非可以久居之地，所以基本方針是書館應追隨政府，把館和廠遷往內地作長期打算。於是，在七七事變發生之初，八一三還未發生之前期間一個月裡，迅速採取了下列各項措施②：

（一）將所擬定的全盤應變計畫及下列各項具體措施，先密商董事長張菊生，獲得同意。

（二）以最速方法在租界中區及法租界內，分別租借臨時棧房和廠房，並將在上海租界東區、楊樹浦和閘北等地三所印製工廠的機器、存書、紙張等物，立即向新租用各地點集中。執行成績良好。

（三）派人前往長沙購地，準備另行新設印製廠，並將上海部份機器設備運往長沙。但因職工多不願去長沙，以及不久即發生長沙大火，致廠房焚毀，以致這一措施不甚成功。

（四）鑒於設於北平的京華印刷廠易於陷敵，但也只好聽之；但對設於香港的印製廠則加強注意。

（五）人事方面，對於在閘北和租界東區工作的職工一千一百餘人，應維持其生計。對因戰事而停工者，給予維持費；並在租界新租用地所成立的臨時工廠中儘量安插這種停工工人；並擴充香港工廠，將部份工人移往；另又繼續在內地若干地點逐步分別新設工廠，將上海停工工人分批調往。

以上各項，一一付之執行，除長沙廠外，結果都很不錯。後來在太平洋戰爭爆發前，先生又繼續採行了下列各項措施③。

（六）由於上海為公司多年根據地，故不宜完全撤移外；但以時值非常，恰好在香港原也設有大規模工廠，為便印製起見，總管理處名義上遷往長沙，而在上海和香港兩地分別設總管理處駐滬、港兩辦事處，實際則由雲五先生長期駐留香港主持自由地區館務全局。如此處置，以迄太平洋戰爭爆發日軍攻陷香港前止，都未有變更。這是因為不願將我中華民族這一重要文化出版事業的總管理處置於殖民地的香港，所以在法律上及出版物上所印，仍都是以我中華民國國境內長沙為總管理處所在地。

（七）出版方面，雲五先生一貫主張以出版書籍及自銷書籍為營業範圍，而無意兼及印刷和其他文具買賣等業務；進入戰時後尤其如此。因戰事遷移而一度中止的新書出版工作，很快又在同年十月一日恢復，書籍大多是分別在香港和長沙兩工廠印製。自此以後，以迄太平洋戰爭爆發，四年期間都能維持每日至少出版新書一種，而且仍將戰前已進行而沒有出版完竣的大部頭叢書，予以繼續出齊④。

（八）作長期規劃，極力設法在我國內地建立長期據點。於是先在重慶設編審處，在江西贛縣設新印製工廠。結果兩者都十分得當成功，效果良好。

（九）營業方面，所面臨的主要問題有二：一為如何推展營業。二為如何在戰時交通運輸特別困難情形下運送散布本館出版物，以供應讀者需要。關於前者，抗戰爆發後，公司財產損失綦重，營業情形也大受影響，以致根本無法按年結算帳目。縱然偶一結帳，也無盈餘可言。以致平時自盈餘中提取一定比率作為同仁工作獎金之舉，也不能繼續施行，無從激勵職工工作情緒。雲五先生深知如此決非管理之道，於是另行訂定適應戰時需要的暫行考核辦法，規定每年分三期辦理考核，每期四個月。考核方法是由總管理處按各該分支館廠過去營業情形，及預估今後營業情勢，規定其每期應向總管理處解款的標準數額。而實際解款數字超過預定標準者，由總管理處根據實情，決定對該分支館廠部份職工或全體職工加發薪資半個月至一個半月不等，以資獎勵。施行以後，效果良好。

（十）關於運輸出版物方面，困難多端。原來香港工廠印製完成的書籍，運往內地都必須經由海防轉由越南而後分批經滇越鐵路內輸。但當時還是法國殖民地的越南，行政效率十分低落，舉凡運經其境界書籍，常積壓倉庫逾年不得輸出，甚至終遭毀損，損失綦重。後來越南被日人控制，於是只好改由廣州灣，以近乎走私方式，經廣東南部進入我國國境，或由沙魚涌冒險經廣東東部進入我國國境。至於上海印妥的書籍，則只有偶然冒險以帆船經閩浙海岸進入東南各省。種種方式，運費奇高，風險也極高。

（十一）自行研發戰時減輕貨重措施：運輸困難既已如此，於是被迫而不得不研究提高運輸效能方法。基本方法之一，為反求諸己，釜底抽薪，減輕貨重。貨重既減，則等於運費隨減與運量增加。雲五先生於是再三自行研究，設計出多種減輕貨重方法，行之大有績效。於是其他同業也都群起仿效。甚至有部份方法，更間接傳至英國被仿行。方法之一，是印書採戰時節約版式，把每一頁書的頁面天地空白處儘量減少，行距也減小，使原來同樣大小頁面每面只能排五百字，成為可以增排至一千字左右。因而使每本書的用紙減半，重量也減半，各項有關成本及寄運費都隨之而減。方法之二，是改用輕磅紙張。在那一時代，大陸印書多用白報紙，報紙每令重約四十五磅至五十磅。經雲五先生多方搜尋研究，發現大後方有一種土產礬紙，每令重只有二十至二十三、四磅，可供印書之用，而且價廉。因此紙款和寄運費又復各約減半。方法之三，是採用航空紙型。過去鉛字排版印書，初版後都採用一種（類似馬糞紙）厚紙板，將排好的鉛版在厚紙版上壓成紙型，以備再版時澆鉛成版，不僅可資迅速，並可藉以減免重行檢字排版的時間與費用而降低成本。這種紙型分送各地分支館廠使用時，都用航寄。但是香港郵局向來拒收貨物航寄，原來厚紙型無法以貨物由香港交郵寄往內地，於是只好改以書籍航寄，郵資大為增加，負擔奇重；所以必須設法減輕紙型重量。於是雲五先生自行發現了一種薄紙，也可供製作紙型之用，除了重量大為減輕，郵寄費用大減之外，最重要的是在香港寄出時可以航寄了⑤。障礙既除，供應內地書籍的印製流程得以暢通。

（十二）關於編輯計畫方面，商務印書館原本是以印銷教科書創業，所以歷來對教科書都非常重視。雲五先生主持館務後，雖仍重視學校的教科書，但更重視全民的教育文化，所以主要方針本已移轉為大量編印學術性書籍。不過到了戰時，大衆購買力大為降低，若繼續大量印製學術性書籍，更必積壓資金，不合於戰時公司資金短缺情形下的經營方針；所以編輯方針也不得不配合改為以教科書為主。但仍然兼顧下列三事：1.所指教科書，包括大學用書。2.仍充份編印戰時用書。3.在資金許可情形下，仍繼續印行大部頭叢書。結果以上所述各項，都分別執行得極有成效，不僅得以維持廣大後方各地學校教科書的供應，和維持企業生存的要求，而且仍然適當兼顧到了學術研究的需要。⑥

據上所述，我們可以看出，由於雲五先生編製銷售政策的正確，而從根本上穩定了書館在戰爭初期萬般困難情形下的生存發展。

以上是八年苦門中前四年的大概情形。

①徐有守：壬子軒筆記。

②王雲五，岫廬八十自述，頁六三九至六五〇。

③王雲五，商務印書館與新教育年譜，頁七二三至七二八。

④王雲五，自撰年譜初稿，經王壽南，王雲五先生年譜初稿轉錄於頁三三三。

⑤同注②，頁二四六至二四八。

⑥同注②，頁二三九至二四九。

十、抗戰後期的四年苦鬥

民國三十年（一九四一年），先生以國民參政員身份在重慶出席國民參政會。十一月二十六日閉會後，小留數日以規劃重慶分館業務。不料十二月八日，日軍發動太平洋戰爭，突襲珍珠港，攻擊香港與星加坡。先生因為家人在港，內心不免焦慮。經過半小時的獨自冷靜分析後，忽然悟解，認為焦急不僅於事無補，反而因分心而有害於對其他要務的正常思考。於是他自勉說：「凡事非我所能為力者，只好聽之於天；至於我能為力，或者只有我能為力者，並須以我之全力為之，而不可為他事所分心。（見岫盧八十自述頁三二七）」這種處理危疑事件的態度，可能人人皆知其為理智，但一般人卻知而不能行，總是放不下。從此一事也可以了解先生處事確有過人之處，有情卻能以理智自制。先生於是下定決心，以全副精神為商務印書館應付艱危。從此以後，他就長駐重慶，並將總管理處遷至重慶，以便規劃商務印書館大後方的全盤館務，而展開他所說的第三次苦鬥，這一期間，包括日軍襲港以至民國三十四年（一九四五年）八月我抗戰勝利，計三年八個月。

香港變局影響雲五先生者有三：第一、他本人險遭不測。第二、留港家人安危不明。所幸吉人天相，十多天後，全家都得適時脱險，間道來歸抵渝。第三、商務在港巨額投資全部損失，元氣殆盡，情形嚴重。下文分別略加説明。

日軍於發動空襲香港十天後的十二月十八日在香港筲箕灣登陸，竟一如一二八事變時故事，當晚即遣人到北角商務印書館工廠，強令工廠派人導引往先生住處搜索。所幸其家人已於先二日離去。十二月二十五日英軍投降，日人控制全港後，更四處索尋先生而不可得。有日人內山完造，原在上海經營內山書店與先生識。這時竟出面登報巧言，企圖誘惑先生出面。從這一經過，可見日人再三蓄意毀滅我國文化及文化界重要人物的居心。

至於商務在香港不僅有書業上的投資，尤其在承印我國家行局所委託的鈔票印製上所投下資金十分龐大。原由於在上海的商務書館等三、二家書局的印刷廠設備、技術與信用都優良，所以政府戰前已委託商務等少數幾家書局代印鈔票。印鈔票的利潤雖不惡，雲五先生則基本上向來不贊成從事這種出版事業外的印刷業務，所以常常不願承印。但是商務內部同仁則認為有利可圖，再四主張承接。雲老無奈，在香港期間，只好於民國三十年（一九四一年）夏初破例接受承印大量鈔票。但香港廠原無印鈔之用的精良機器和配合設備，只好竭澤而漁，搜刮後方各分支館與香港現款，幾乎將後方總館及各分支館所有資金全數投入，用以新購大批精良印刷機件與印鈔紙等器材設備。香港陷日軍手後，措手不及，所印鈔票全部都未完成交貨，當然也還沒有收到分文貨款。以致不僅所投入鉅額資金全部虧損；而且特別為此雇用的工人一千多名，更必須給予遣散費，所費款額為數龐大，後果嚴重。事後先生自我檢討，認為事先未能堅決拒絕上海館中有力者熱衷於承辦印鈔意見，而致遭此意外，是他多年來最大的一次失敗。所造成後果的嚴重，決不次於一二八滬戰對公司的摧殘①。

從離開上海時起，以至太平洋戰爭爆發前，將近四年半期間，書館總管理處名義上雖然是設在長沙，實際上卻是在香港，先生也長駐香港指揮大後方館務全局，並且以香港印刷廠作為主體印製廠，投下資金為數可觀。香港陷落後，財產和各種資財都受損傷，情形嚴重。於是，雲五先生立即撤銷原設於長沙的總管理處及原總管理處駐港辦事處兩機構，改在重慶新設總管理處，並且另設總管理處駐渝辦事處，由駐渝辦事處秉承總管理處命，統籌管理大後方各地分支館廠。此時重慶總管理處只有總經理雲五先生、協理史久芸、編審員張天澤及譚勤餘等四人，久後才陸續略有補充。港館受損後，所面臨問題衆多，其中以財務和印刷兩問題最為重要。財務方面，重慶總管理處成立伊始，手無分文；而重慶分館其時只有現金法幣十三萬元，尚不足供應重慶一館一廠一個月開支的三、四分之一；印刷方面，今後唯有倚賴重慶分廠以作為供應大後方圖書需要的主要印製基地。但該廠規模很小，顯有不足，尤以商務歷年出版的書籍不下萬種，全賴總館以所存紙型再四重版印刷供應。但重慶分廠所存紙型甚少。雖有大量紙型自滬運渝，卻因被阻塞於越南倉庫，最後終遭全部毀損，以致重慶分廠無紙型可資再版各書；而港變後，上海更根本無法再運送書籍往大後方。所以重慶若不自行設法印製，將無書可資供應整個大後方需要。

雲五先生於是分別採取了下述幾項措施：第一、太平洋戰爭爆發當日就電告大後方所有各分支館廠，總管理處已移來重慶，今後應聽從重慶總管理處命令行事。第二、著各館立即估計一星期內及本月可以儘量解交重慶總管理處的款額見告。第三、著各館查明就各自現存出售圖書，每種各保留二部，限期開單送總管理處，以備充據再版之用②。

當日軍轟炸香港的次日，香港與內地還勉強可通空航。國民政府蔣委員長以為先生在參政會閉會後當已返回香港而遭困，於是囑交通部轉知航空公司，設法務必將先生與另一張姓參政員自港接運出來③。後來知道先生並未赴港，但商務港館損失慘重，又深恐這一文化重鎮發生困難，於是著參政會秘書長王世杰和軍事委員會秘書長陳布雷二氏先後往訪王氏特致慰問，並且表示如有需要政府協助之處，政府極願為力；更明言如書館需款以供復興之用，無論用何種方式都可依雲五先生意見提出，委員長無不極力成全云。先生除感謝政府厚意外，覺得政府此時財政也不無困難，何況自己歷來主張企業應謀自立更生，所以對於政府補助款一節，不敢接受；不過對於中中農交四銀行聯合總管理處（四聯總處）辦理貸款一節，既然是有借有還的事情，只要所貸來款項是忠實用之於館務復興上，則無不可。所以願意在商務資本總額五百萬元限額內，向四聯貸款法幣三百萬元。但因商務書館的不動產大多在淪陷區，其他在大後方的器材和機器紙張，又必須經常使用；書籍成貨更必須供應銷售，所以無法提供擔保品。後來四聯內部由孔祥熙主持會議商討此事，以格於銀行定規，所以雖無保證品但仍必須有保證人。基於雲五先生夙來信用卓著，所以孔祥熙提議，即以王雲五個人名義任保證人，保證總經理王雲五代表商務印書館簽訂貸款契約，向四聯貸款法幣三百萬元，雲五先生也就同意如此辦理。但到簽約前，先生臨時忽然又想到，借貸三百萬元之舉，目前事實上還無必要，但一經借貸後，必須立即負擔利息，雖然可將貸到款項加以運用以賺取利息差額，但此種事為先生向所不為。因而臨時又變更主意，主動提議將貸款改為開立一透支户，則在尚不需貸借時，可不透支款項而免除利息負擔；但因有此一透支户存在，享有隨時可以透支的便利，心理上可不復有後顧之憂，而可放手辦事，仍大有助力。四聯對改開透支户的要求當然絕無不同意之理，於是就如此辦理。但後來由於初階段各分支館踴躍匯來款項；後來很快又營業情形良好，以致實際上從來就不曾真正利用到這一透支戶透支分文。這件事漸漸傳開後，對先生如此行事，有人固然欽佩有加；但另一方面也有人認為他古怪④。

至於他要各分支館繳送樣書的事，不到一星期，各分支館的書就陸續寄到。於是先生就和史久芸等共四人，一齊親自動手編目，並且在分館找了一個小房間置放。

所謂總管理處和駐渝辦事處兩重要機構，實際上也都只是擠在重慶分館蕞爾之地的小房間裡工作。而雲老的辦公室和個人生活，更是簡陋之至，只是在重慶印刷分廠的棧房裡用木板隔出約莫一方丈大小的一個小間，作為他睡眠和辦公兩用之地。因而他常常嘲笑自己此時是一名寺廟的「方丈」⑤。

接著的問題是，作為幾乎要供應整個大後方用書的重慶印刷廠，設備十分不敷。為肆應這種情形，先生採取了下列辦法：第一、部份書籍委外代為排印。第二、儘可能就地增購印刷機材以充實分廠。第三、對原來自有機器改採二十四小時運轉，並配合訂定獎勵辦法；復加強注意工作相互銜結。第四、增請排印人手和改進中文排字技術。為此，先生開始研究中文檢字法。經過這樣多方面努力後，竟又一次獲致成功，不到兩個月就奏效了，印製順利，營業良好。民國三十一年（一九四二年）的二月一日（香港失守後五十三日），雲五先生又宣布恢復「每日一書」。

像這樣歷經浩劫而又歷次復興，一再死而復生和蹶而復起，所表現出來的我民族文化韌性以及企業家的敬業精神，似乎簡化到用「每日一書」這件事也足以象徵了。無怪乎「每日一書」這句話成了商務印書館的精神代表，也成了王雲五的精神代表。

很可惜抗戰八年期間自由地區和淪陷地區隔絕，商務印書館處於不正常狀態下，每年都無從提出全國總館分館的出版和營業兩種統計數字，也無法結算全館總帳，因而更無法舉行股東常會。因而我們現今在此也無具體資料可資引據。下面是當時商務書館營業良好情形的概括描寫：

重慶的商務分館僻處一舊式的小路上，離開書業中心頗遠。我卻以其他條件補償之，就是服務。所有營業人員都特別熱心。又以館屋空地加建數間房屋，設一小規模圖書館，公開供人閱覽，定名為東方圖書館重慶分館，而日夜前來閱覽者，平均每日二、三百人。以故在一個簡陋而偏僻之商務分館店堂，常常擠滿了人。在圖書的營業上，商務竟首屈一指。至於後方其他分館，亦均本此原則，力從服務和陳列上注意到顧客的便利。除各館的同仁多為我苦幹蠻幹精神所感召，同抱三度復興商務的決心外，我所訂定的各館營業解款給獎辦法，尤具有實際的鼓舞力量⑥。

在這種情形下，業務日更穩定。自民國三十一年（一九四二年）二月宣布恢復每日出版新書一種以來，從未中斷，確實實現每日一書的宣告。尤其在戰時後方物資艱難情形下，竟還更出版了一部大叢書「中學生文庫」，半年之中銷售四千多部。種種昌盛情形，造成商務書館的榮景。於是，從民國三十二年（一九四三年）開始，直到民國三十四年（一九四五年）抗戰勝利之日止，先生稱之為商務的小康時期。在這一時期中，原陷香港的商務同仁也陸續來渝，重慶總管理處人手齊備，規模煥然。渝廠生產能力數倍於前，工作效率也在全重慶市工作競賽中列名第一。各地分支館營業都有起色，而且百分之九十的分館在向總館解款一事上，都達到所定標準，書館財務情形日漸寬裕。真是出現了又一次奇蹟！文化界和出版界無不贊揚商務復興迅速，並認為是雲五先生實行科學管理的成績。以致各方紛紛邀請雲老演講科學管理。

①王雲五，商務印書館與新教育年譜，頁七四九至七五一。
②王雲五，岫盧八十自述，頁三二七至三二九。
③同上，頁三二九。
④王雲五，岫盧八十自述，頁三三〇至三三一。
⑤同上，頁三二七至三二九。
⑥同上，頁三三四至三三五。

十一、勝利復員易地壯遊

抗戰勝利帶給雲五先生的影響，是國家把他從出版界徵調到政府去。這當然是他生命中一件大事；但更是商務印書館的一件大事。

雖非自己所有的事業，但幾十年來，曾為之捨身以赴，一直視同自己所有事業的商務印書館，他何以能斷然分捨呢？他幾十年來向以促進文化為己任，何以又能忽然忘情文化呢？雲五先生自己斷斷續續有過一些說明，似可據以綜合為三點如下：第一、這似乎根本牽涉到他的人生觀。本書卷首引錄先生的一首詩，首句就說：「處世若壯遊。」事實上，這不僅只是他晚年才寫出來的一句詩，而實在是他早年就對人生懷持的一貫看法。他青壯年時就曾有過人生像旅行，生命如過客等類似的言詞。當他要脫離商務時，他說：「人生斯世，彷彿是在游歷，我既來此世界一次，不應專在一地游覽。所以我在重慶時期，無時不想念在得當時擺脫商務，並希望這時期能在六十歲以前，俾從六十歲起另向一方面活動①。」第二、儘管是壯遊，也必須有自己有興趣往遊之地，才會棄原遊之地而前往一遊。先生對什麼地方有興趣呢？他也曾明白說：「我所預期的活動，不外從政和研究學術兩途。許多人心想從政，卻諱言從政。我卻不然。我在重慶時，曾對許多朋友說過，一個人假使自信能對國家負一點責任，不必自鳴清高，因為十幾年前我已經把國家和個人或私人事業的關係看得太清楚了②。」第三、對往游之地縱然有興趣，也必須實際上沒有前往的困難，甚或有前往的特別便利才行。對此，先生說：當勝利之前，他在重慶的時候，「最高當局雖然迭經示意，想把我羅致於政府之中，但經我剴切陳明（因商務印書館責任在身），終獲諒解。（中略）我一方面感於蔣先生公開政權的誠意，他方面也覺得我未來在聯合政府中，或者還能盡一點微力。（中略）蔣主席知我已來京，一日招待我晚餐。同座只有主席和蔣夫人。飯前飯後，主席重申在重慶時舊約，堅邀我出長經濟部。他說他具有公開政權的最大決心，並隨時實行全面改組政府。他認為我是最適於首先加入政府之人③。」

上述三點理由說得夠明白也夠堂皇了。必須注意其中下列兩句話：「已經把國家和個人或私人事業的關係看得太清楚了。」和「一個人假使自信能對國家負一點責任，不必自鳴清高。」雲五先生畢生不失書生本色，所以處處率真。把心裡話都說出來了。

儘管如此，他畢竟在這家公司連續工作了二十五年，而且是公司實際主持人，更幾度為其冒身家性命危險以赴，生命中最好的時光都奉獻給這家公司了。儘管他持股很少，始終不是資本上的老闆，但仍自覺對這家公司有道義上的責任，當此大局急轉時期，也決不可說走就走而一走了之。他知道必須對公司在這過渡期間和今後的安全發展有所安排。

這時他還在重慶，他在勝利之初短期內，先後採取了下列各項步驟：

第一、從重慶總管理處指派李伯嘉等，分別前往滬港規劃館務正規化。

第二、先後函電留滬的董事會主席張菊老，報告公司在大後方八年間概況及目前情形。並說明重慶總管理處積儲款項可供公司復興之用，當適時匯奉。

第三、先生本人因國事（政治協商會議）羈身暫需留渝，一俟商務書館復員有關事宜布置妥當，即可將館務向股東報告；屆時並當請辭總經理職務。

第四、先生手訂駐滬辦事處辦事大綱一種頒布施行，就人事、生產、營業、編輯、供應、財政、組織、滬轄機構、機件產業、帳目、股東會、其他、私人事件等十三方面分條分項予以詳明具體規定其權責。

第五、上海館、廠情況已非昔比，必須由先生親自從根本加以整頓。但此時不剋赴滬主持，故只好暫先指派李伯嘉赴滬，以書館經理名義兼總管理處駐滬辦事處負責人，主持滬館，暫維現狀，靜待改革。

第六、館務復員工作未完成前，舉凡八年來自由地區與淪陷地區總館與各分支館廠資產損失、變更、及餘存情形，館務與帳務盈虧情形，及公司隨之必應增資或減資的規劃，都有待全盤清查明白後再行處理。現既無法向股東會提出報告，所以股東會也無從召開。因而主張俟諸事齊妥後，始可再行召開股東會。

第七、因股東會延後舉行，以致隨同亦不能派發股東股息。建議現先暫予借發股息，按股票面額每百元借發百元，所需現金款項悉由渝館負責提撥。

第八、自民國三十四年（一九四五年）八月勝利之日開始，以至民國三十五年（一九四六年）五月上旬先生自渝返回上海時止，期間九個月內，商務渝館匯往滬館供應復員等各種所需現款，總數達法幣四、五億元之多。其時法幣尚未貶值，還在穩定狀態，四、五億是一可觀之數。

第九、上海淪陷期間，商務與其他四家出版同業合組所謂五聯機構，向偽政府辦理登記，承印偽版教科書，有悖國家民族大義。本館有關其事負責人的代經理暫兼總管理處駐滬辦事處主任韋傅卿，應予去職，以示負責。

抗戰八年期間，商務印書館上海及淪陷區各館營業情形都不好，但因淪陷區（尤其上海租界）既無戰事又無轟炸，遠比大後方安全，所以同仁多不肯調往大後方任職；且心目中認為大後方既不安全，復不安定，必無良好營業之可言。光復後，上海社會忽然得知商務書館在大後方實況，竟業務興盛，大為賺錢，於是商務印書館的股票在上海市場竟如噴泉般飆漲到票面一百幾十倍。雲五先生僅憑這一點，其身價之高與聲譽之隆即不問可知。以是公司與股東對之信任有加，自所必然。實際位居先生長官的張菊老，為挽留先生勿辭，甚至信函中對先生用語竟說：「不能不仰祈考慮④。」前輩人士信函雖多謙虛客套用語，但究竟仍十分講究分寸而不肯輕為，尤其以老成飽學如張翰林者，自更必慎於用詞。以上各項措施中，董事會大都如先生所議辦理，董事會並於九月上旬就決議授予先生全權主持復興事宜。但有三事稍有往返磋商：一為先生辭職事，張菊老極力挽留相勸，意甚誠懇。結果，因為先生堅持，董事會諸公最後不得不予以成全，但仍請繼續擔任董事一職。二為韋傅卿去職一事，先生說：「使我與彼時實際主持上海商務的若干董事之間，意見不無出入。」但先生十分堅持，竟以三千字長函致菊老，出以國家大義，力言韋某必須去職，最後折衷方式為：仍保留其協理職銜，但免兼總管理處駐上海辦事處主任，並調往四川協助渝館工作。三為在股東會還未能召開前，借發股利事，菊老以為不必。經磋商折衷為每百元股本先借發股利三十元⑤。

在政府力邀之下，雲五先生總算是離開了商務印書館，也離開了出版事業。如其所願壯遊到他生命中另一個新境域去了，初任國民政府經濟部長，開始他政治生涯之旅。那是一九四六年五月上旬，先生時年五十九歲。他推薦了他的學生，時任教育部次長的朱經農接替為商務總經理。有一件事可以證明先生這一期間的辛苦。民國二十六年（一九三七年）抗戰之初，他體重是一七八磅；太平洋戰事前降至一五〇磅；到重慶幾年後，更降至一三五磅⑥。

①王雲五，岫廬八十自述，頁三四八。
②同上，頁三四八至三四九。
③同注①，頁三五〇。
④王雲五，岫廬八十自述，頁三四六。
⑤同注①，頁三四四至三四七。
⑥何瑞瑤，王雲五大步上臺，王壽南，王雲五先生年譜初稿，頁五三四轉錄。

十二、在臺創設華國出版社

先生雖於抗戰勝利後已從政，但商務印書館大小股東有感於先生多年苦鬥，數度挽救公司於危亡，且仍不無借重先生崇隆聲望之意，所以仍然推選為公司董事。

民國三十七年（一九四八年）冬，大局急轉，先生移居廣州，接獲英國劍橋大學來函聘先生為漢學特別講座，先生欣然應允，於是規劃前往，並經辦妥一切手續，於次年元月上旬先將家屬移居香港。是年春，國民政府自南京遷粵，政局易勢。二月下旬，忽獲張菊生自上海商務總館來函，告知已解除先生商務印書館董事之職。信中說：「本屆股東年會，甫於本月十九日舉行，與同仁商酌，謂公此時正宜韜晦，不敢以董事相溷，想蒙鑒察。時事多艱，杞憂何極，言不盡意。」

民國三十八年（一九四九年）四月，先生準備起程赴英，特先赴臺灣與在臺部份家人話別，不意事為臺灣當局所知，在抵臺第三日即奉在野的蔣總統邀談於臺北草山（今陽明山）。在座迄另無他人，二人長談三小時多，並共進午餐。蔣先生詢問雲五先生個人狀況及前途計畫甚詳。對先生劍橋之行表示贊成，但盼望只作短期講學，事畢早歸。至於對先生仍有意於寫作及自行辦理一小規模出版事業，也深表贊同。因知先生無積蓄，並自動表示願酌為資助①。

這時，國際忽盛傳英國醞釀承認中共政權，先生以國民政府前閣員之身，對赴英之行遂不免有所躊躇。於是開始籌劃創設一小型出版社，一面自行洽商李石曾先生轉介出售私藏字畫籌款美金三千元，一面商得在臺親戚（兒媳娘家）投資，組成「華國出版社兩合公司」，購一日式木屋於臺北市大安區和平東路一段一八〇巷六號為社址，在臺辦理公司登記，而在香港設關係機構香港書局以便就地印銷出版品，以利在臺及對海外發行。後並承蔣先生支助部份資金。

華國出版社是在民國三十八年（一九四九年）十二月二十五日於臺港兩地同日正式開業。所有出版物在臺都委託臺灣商務印書館代銷，不自設門市；先生本人在港、臺兩地來往照顧業務，而以港為居留地。但是到了民國三十九年（一九五〇年）十二月下旬，在港竟遭人暗殺，幸子彈未命中，得免一劫。次年，民國四十年（一九五一年）元月移臺北定居。從此直到民國四十三年（一九五四年）九月一日就任考試院副院長之前，期間三年八個月，除以極少量時間參加政府部份諮詢性工作外，其餘時間幾乎全部都消耗於下面三事：（一）從事寫作或迻譯工作。在報刊大量發表單篇文章，大多使用王雲五本名；另翻譯書本也不少，則多用龍倦飛筆名。（二）應各方邀約頻頻發表演講。（三）為華國出版社業務而忙。以上三事中，（一）（二）兩事幾乎每隔一、二日即有演講或文章發表，先生都有記錄，並經王壽南編《王雲五先生年譜初稿》詳加引錄可查。這一時期，先生是依賴稿費維生（先生生命中少數幾次無職期間，都是賴稿費維生，且似頗引為得意）。至於演講，依臺灣其時習慣，大多數都不致送報酬或車馬費。

華國出版社創業一年後，先生自行檢討說：「華國出版社的業務，主要分為三類，一為工具書，二為教科書，三為漢譯當代名著。其中高中教科書全套，編輯排版，耗資極多。不意國、公、史、地四科教本後來用（教育）部編本（民間不得編印），遂致損失奇重，僅靠工具書維持。」而工具書在港又因有人大量盜印，以致銷路大減。「隔一、二年便不能不結束港店②。」先生這一段話是純粹就營業立場著眼而言，所說的工具書，主要是指先生自編四角號碼檢字法的各種大小字典與詞典，銷路很大。而事實上，漢譯當代名著出版了幾百種，而且都是適應時代需要的名著新書，對傳播文化，貢獻頗多。但是這種書銷售畢竟不暢，所以營業價值雖然不惡，但畢竟並非太高。儘管如此，雲五先生仍樂此不疲，只是先生於一九五四年八月又再度被延攬從政後，也就不能再專注於這一事業；到民國五十三年（一九六四年）自政界退職，幾個月後馬上又被臺灣商務印書館股東會請回去了。他真正致力於華國出版社自己這一事業的時間，只有三年多。後來民國六十八年（一九七九年）八月先生謝世後不久，華國出版社也結束了。

---

①王雲五，岫廬八十自述，頁五六八。
②王雲五，自撰年譜；經王壽南編王雲五先生年譜初稿頁七六五至七六七轉錄。

十三、晚年在臺的第四次苦鬥

當雲五先生於抗戰勝利之初離開商務印書館時曾經說：

我斷斷不再留戀。我不僅因為十餘年間數度支撐商務印書館的危局，一度完全復與，一度維持不墜；我因此已精疲力竭，需要休息①！

以先生不屈不倦的的性格，怎麼會在他盛年說出「精疲力竭，需要休息」的話來呢？這種語氣，實在不免令人想像其內心可能存有隱忍不快之事，而並非真正對出版業厭倦了。果然，世事常有難料，誰知事隔十八年後，到了民國五十三年（一九六四年）六月十四日，臺灣商務印書館依政府新法律規定，在臺北市首次舉行股東會，選舉雲五先生為臺館首任董事長，把他請回去了。這一年，先生七十七歲，距他前於民國三十五年（一九四六年）五月在上海辭去總經理職時，恰好十八年。

現將臺灣商務印書館成立經過略予說明如下。

民國三十四年（一九四五年）八月抗戰勝利，臺灣光復。兩年後的民國三十六年（一九四七年）七月，商務福州分館指派副理葉友棣赴臺北籌設支館。後奉上海總管理處指示，以臺灣已設省，應改置分館，並於九月指派會計人員趙叔誠為臺館經理，葉友棣為副理，就近調用閩廈兩館人員各數人赴臺，囑在臺北市中心地區選擇十字路口轉角繁華地點購置館屋，以利營業。經選購現重慶南路一段三十七號（與漢口街交叉處）為店面，而於次年民國三十七年（一九四八年）元月五日開始營業，售賣上海總館運往的大量本版圖書②。隨而大陸同業中的中華、開明、正中等老書局也都先後在重慶南路一段開設臺灣分店。以後其他新舊書店幾十家，也都紛紛在重慶南路設店，而使重慶南路成為半個世紀來臺灣有名的書店街。

國民政府於民國三十八年（一九四九年）遷移臺灣後，由行政院頒布「淪陷區工商企業總機構在臺原設分支機構管理辦法」，規定在臺分支機構應改為獨立機構報政府核定，並與大陸原總機構斷絕關係。商務書館臺館經遵辦並改名為「臺灣商務印書館股份有限公司」。後於民國五十三年（一九六四年）四月二十三日，政府復公布「戡亂時期在臺公司陷區股東股權行使條例」，規定原經報請政府核准的這種獨立公司，應於該條例公布施行後一個月內召集股東會。臺灣商務於同年六月十四日依法召開股東會。這時候，雲五先生恰好已於年初辭卸政府職務，各股東便以最高票選舉先生為臺灣商務印書館股份有限公司首任董事長。先生於是在民國五十三年（一九六四年）七月一日到館就職。開始他後來自稱為第四次苦鬥的生涯。

他回館前的臺灣商務印書館仍由原來上海總館指派赴臺的一批人員在經營，歷年頻頻虧累，情況相當淒慘。臺館自民國三十九年（一九五〇年）依政府規定獨立後，財務悉賴自立。主持人趙經理叔誠先生為人篤實謹慎，忍辱負重，忠厚保守，原是會計人員，並不熟悉編輯業務。據觀察，十多年來似乎內心都保持分館只是營業分支機構心態，盡其維持分館局面於不墜之責，所以分館當然也沒有設置編輯人員。除以「臺一版」或「臺二版」等版稱重印銷路較好的一些本版書外，極少出版新書，以資謹慎，完全是守成態度。以致營業嚴重衰退。路人經過書館門前時，所見只是一破落老舊商店，櫥窗玻璃骯髒不堪，所陳列的書多年不予更新，紙質陳舊髒黃。進入店內，燈光昏暗，顧客稀少，門可羅雀④。

雲五先生返館後，先了解現狀。第一、以大約一星期時間，先與館內二十幾位在職職員和僅有的一名老僕，逐一個別懇談，了解他們的工作情形和能力，也聽取意見。從而發掘了幾位可用之才。第二、查閱會計帳目，發現營業收入奇少，而經常開支龐大。主要原因是職員薪給偏高，尤以高級職員為甚，較其時規模大於商務的臺北同業高出不少；以致不僅現金短缺，而且已向銀行透支款額為數可觀；又接受同仁與外來存款，利息負擔為數不貲。而海外來往欠帳久未收清者，為數頗鉅④。

在上述情形下，先生決定從開源、節流和加強效能三方面入手挽救。

甲、節流措施如下：

第一、先生每日上午到館工作至少半日，在家大部時間實際也多係為書館從事編輯工作，但絕不支取分文薪金或報酬或任何其他名目津貼或金錢；其私人自備汽車雇用的司機，不僅由先生自己付給薪資，並且更禁止司機在商務支取分文津貼，完全義務為館工作。但其個人在本館循通例訂定契約出版書籍，當然也是循通例定期按定規核計版稅，既不能少也不會多。當以著作贈送友好時，必定自行出資購買。

第二、不增加現金投資，也不向銀行透支或貸款；並將同仁及外人原在書館的存款，逐步退還，以免利息負擔。

第三、要求同仁減薪。高級人員所減比率最高，中、低級人員所減向下遞減。但承諾俟書館收支情形好轉後，必定恢復停止多年的盈餘分紅。鼓勵共同致力復興任務。

第四、其時全館職員二十五人，工役一人，不裁減任何人員。

第五、館屋雖有三層，但總面積不敷用。先生僅在館內二樓設法騰出僅約2丈×2丈小面積空間為辦公室，室內置一小辦公桌，一椅，二小沙發，一小茶几，一小書櫥而已。縱有國外賓客來訪，也在此室接待，晏如也。先生在重慶時曾自嘲為「方丈」，現在是再度成為「方丈」了。

由於先生以身作則，且為館義務工作，所以雖然暫時減少同仁收入，同仁也都表示支持，並無異言⑤。

乙、開源措施如下：

第一、增加產品，也就是採行大膽編輯計畫，大量出版書籍。先自本館幾十年來已出版的逾萬種書籍中，選擇最適宜再版者印行；並且考慮迅速編印大部頭叢書。

第二、加強拓銷，提高營業額。臺灣出版業向不刊登廣告，而有出版廣告，自先生始。經親自向當時銷行量最大的中央日報社長曹聖芬洽妥，每月第一個星期一在其頭版上半頁顯著地位，固定刊登廣告一大塊，效果甚好。自此，其他書局起而仿效，也都在該報首版刊登出版廣告。另並鼓勵館內經理以次同仁酌情出動個別推銷，效果良好。

丙、加強效能方面：

在第一年裡，人事上還採取了下述重要措施：同意臺館原負責人趙經理辭職。趙雖未能振興館務，多年來仍有維持局面之勞，所以書館雖原本早已廢止退休制度（當時臺灣還沒有「勞動基準法」之制定），但仍從優給予退職金一次十萬元，另並聘為有俸顧問一年三個月。先生門生徐有守於民國五十三年（一九六四年）冬自美返臺，恰逢趙於是年冬辭職，公司遂於民國五十四年（一九六五年）春聘徐有守為總編輯兼經理兼發行人，承董事長命負責綜理臺館館務⑥。後續增聘美國匹茲堡大學金耀基博士為編輯。

按、臺館多年來雖已遵政府規定獨立，但始終仍維持以經理名義為館長以主持全館而未改。後雖已有董事會與董事長，但徐君因係先生門生，而總經理一職又為先生前在大陸時期所曾久任之職務，徐君不欲僭越，故經請求繼續維持仍以經理名義主持館務，實質並不影響館務之執行。

事後事實證明，節流措施雖然具體有效，但所節省者畢竟有限；而發生奇效者則在開源措施，而且主要在大量出版書籍，使營業額鉅量增加（詳見下文），遂得於第一年就轉虧為盈。在上述規劃和作為下，先生回館最初八年半內，商務新版和再版書的出版量十分可觀。現在將這八年期間出版情形區分為兩部份說明。一為印行大部頭叢書；一為印行其他單本或一般性書籍。

關於大部頭叢書的印行，陸續有下列多種（依出版先後序）：

民國五十三年（一九六四年）冬，新編萬有文庫薈要（內包括叢書八種、書六百冊），發行預約。

民國五十四年（一九六五年），五月，重印四部叢刊初編（共收經史子集三二一種，八、五七一卷，四〇冊，總字數約八千餘萬）發行預約；九月，新編叢書集成簡編

（共八六〇冊）發行預約；另又選印多種大學叢書。

民國五十五年（一九六六年），二月，新編漢譯世界名著甲編（書六〇〇種）發行預約；四月，與教育部國立編譯館訂約，承印並銷行教育部中華叢書委員會新編資治通鑑今注一部，十五巨冊，發行預約；六月，重印四部叢刊續編（書一四〇種，六〇〇冊）發行預約；七月，新編袖珍本人人文庫（最初計劃每月出書二十種，陸續出書。經繼續進行多年，已出書二千餘冊）；七月，開始編印各科研究小叢書，採陸續出書方式進行；九月，就原在大陸出版的小學生文庫增刪修正重印（書四十六類，二百冊）發售預約。；十二月，重印索引本嘉慶重修一統志（十一鉅冊）；又幼童文庫（一〇〇冊）發行預約；重印佩文韻府（七鉅冊）。

民國五十六年（一九六七年），四月，重印百衲本二十四史（十六開大本，四十一鉅冊）發行預約；九月，重印彙刊涵芬樓秘笈（書四十六種，十鉅冊），發售預約；十一月重印宋蜀本大平御覽（十六開本，七鉅冊）發售預約。

民國五十七年（一九六八年），元月，編印國學基本叢書（書四百種，二、三八〇冊）發售預約；春，確定計畫編纂古籍今註今譯，首先選定經部十種，子部二種，分別約請專家擔任編纂工作。

民國五十八年（一九六九年），二月重印宋元明善本叢書（書十種，二八三冊）發行；八月，景印孤本儒函數類（五十八卷）發行預約；十月，在館內組織特別委員會進行，開始譯印歐戰後最新科學小叢書；春，再版景印四庫全書珍本初集（一、九六〇冊）發行預約。

民國五十九年（一九七〇年），冬，雲五先生主持，聘請專家新纂，雲五社會科學大辭典，進行已有三年，現已完成，由商務印書館發行預約印行；冬，重印國語大辭典、中國醫學大辭典。

民國六十年（一九七一年），元月，編印景印四庫全書珍本二集（書一四〇種，一、五三二冊）發售預約；二月，續修四庫全書提要（十三冊）發售預約；八月、影印四部善本叢刊第一輯（十六開大本，七十冊）；十二月，重印東方雜誌全套（自民前八年創刊以迄在上海停刊期間四十四卷，及在臺復刊後又六卷，共五十卷）發行預約；十二月，陳立夫主持譯述的李約瑟氏原著，中國之科學與文明，出版第一冊，以後並陸續逐冊出版。

民國六十一年（一九七二年），元月，景印四庫全書珍本三集（書二一五種，一、五三二冊）發行預約；又、商務與中山學術基金會合作新編，中山自然科學大辭典出版（十鉅冊）；七月，增訂重印法律大辭書（三鉅冊）發行預約；八月、景印雍正刊，格致鏡原，發行預約；七月，九月，景印說郛，發行預約；十二月，重印道光名人手扎

（八冊）發行預約。

民國六十二年（一九七三年），元月，景印四庫全書珍本四集發行預約⑦。

概計自先生回館後八年半期間，僅就以上已舉述的大部頭叢書而言，已有三十七種之多。其中雖有中國醫學大辭典等少數三、二種書份量較輕外，其他都是名符其實大部頭叢書，每部動輒數百冊以至千冊。平均每年印行四至五部。每部投下資金動輒百萬元以至數百萬元之多（先生回館之初，商務臺館資本總額不過新臺幣一百萬元，且無現金存款），數額龐大。其中若有任何一部滯銷，書館即可能倒閉。但世上竟有如此奇蹟，其中除僅有某一種叢書銷行不佳外，其餘竟無不暢銷。不僅有助發揚文化，且更富企業營利價值。例如萬有文庫薈要、四部叢刊、百衲本二十四史等，無一不銷售數百部之多。每部價格平均都在當時新臺幣萬元以上，則一部叢書的營業額即達新臺幣數百萬元。雖然也有海外市場，但為數有限，仍以畢竟狹隘的臺灣為主要市場，而每種仍能有數百部的銷售成績，實屬不易！其中道理究竟為何？細心研思，實由於雲五先生獨具的學術修養與企業眼光，才能洞悉各書內容價值，並為大衆所信賴，所以能進而至於開拓市場價值。

至於其他單本新書或再版書的印行方面，自雲五先生重行主持館務以至民國六十一年（一九七二年）底八年半期間，歷年出版的初版新書及重印書（臺一版）共一五、二四一冊（其中最多的一年是民國五十四年【一九六五年】的二、八九六冊；最少的一年是民國五十六年【一九六七年】的八一〇冊），仍不低於「每日一書」。平均每年出版一、七九三冊，每日五冊弱，而先生未返館以前，自在臺設館十七年半來，出書量為七一八冊，不及後來雲五先生期間任何單獨一年的出書量；平均每年出書四十一冊，每日出書〇・一一冊。與後來雲五先生主持館務期間的上述出書數量相較，也相互懸殊，前後成一與四四之比⑧。

至於營業額與盈利兩者情形，也有相當驚人成績。先看營業額，自臺館於民國三十九年（一九五〇年）遵政府規定獨立經營以來，到民國五十三年（一九六四年）期間，十五年全期營業總額為新臺幣二三、一九三、四六七元（以下都以新臺幣計）；其中最多之年是民國五十三年（一九六四年）的二、九五三、三一九元；最少之年是民國四十四年（一九五五年）的八八九、二〇三元，期間還有兩年虧損，十五年平均每年一、五四六，二三一元（一百五十多萬元）。雲五先生接掌後，自民國五十四年（一九六五年）起至民國六十一年（一九七二年）止，期間八年營業總額一三〇、六〇九、二三九元；其中最少之年是一九六五年的一、五五二、三九八元，並且逐年累增，以至最多之年民國六十一年（一九七二年）的二三、六五六、九六一元；八年平均每年營業額是一六、三二六、一五五元（一千六百三十多萬元）。也是相互懸殊，前後成一與十一之比。而且僅以民國六十一年（一九七二年）一年營業額之二千三百六十多萬元而言，即已超過趙任十五年營業總額二千三百一十多萬元，近乎奇蹟！

因此，所造成的盈利當然也有所不同。依據記錄，自民國三十九年至五十三年（一九五〇年至一九六四年）期間十五年內，除民國四十四年和四十五年（一九五五和一九五六）兩年分別各虧損八八、七一六元和一、七一八元外，其餘各年盈餘最少的是民國四十七年（一九五八年）的一五、六五〇元，最多的是民國五十三年（一九六四年）的四四二、七二一元。但事實上，民國五十三年（一九六四年）七月一日以後六個月已經是雲五先生接掌館務了。所以如果除去這一年不計外，其餘各年中最多的一年是民國四十九年（一九六〇年）的二九九、八六三元。如果仍以全期十五年相加，總盈餘是一、七〇六、九六九元，平均每年盈餘一一三、七九八元（十一萬三千多元），在臺股東每股所得股利，十五年總計每股九一・八一元，平均每年每股六・一二元（六元一角二分）。而雲五先生返館後八年盈餘總數是三四，〇七七，七九六元（三千四百多萬元），平均每年盈餘四、二一・九九元（四百多萬元）。八年中股利最少之年是接掌後的第一個整年的民國五十四年（一九六五年），每股四一・三元，已比趙任內最後一年的一九六三年七・五元，和民國五十三年（一九六四年）的八・一元驟增至五、六倍之多，而且以後逐年累增以至股利最多之年的民國六十一年（一九七二年）每股實得七〇．四五元。僅此一年股東所得，已相當趙任內十五年股利總所得的百分之七十六。

更重要的是，民國五十三年（一九六四年）雲五先生返館之年臺館的資本總額是新臺幣一百萬元，後連年既然盈利豐厚，除了股東股息驟增外，公司的公積金也隨之大增。於是雲五先生又仿往昔一二八事變後的做法，陸續以公司盈餘公積依法轉為現金增資。因而到民國六十年（一九七一年）時已增至資本總額一千萬元，股東未費分文而所持股票增值十倍⑨。此外，公司在銀行更連年都有大量盈餘現金累積儲存。以後屢經繼續多次以盈餘轉增資，資本總額至伍千萬元。

由上述種種情形，可以看出先生的非凡能力。他之返館主持館務，帶來的是下列多種生財資本：（一）先生個人的企業經營長才與豐富經驗。（二）先生所特具且為出版事業最不可缺的有關中外書籍的淵博知識。（三）先生個人對商務書館以往所有出版物的充份了解和驚人的記憶。（四）先生個人所豐富收藏的商務出版書籍。（五）先生對文化事業的熱忱，尤其是對商務印書館的豐厚感情。（六）鼓舞了館中老同仁們的熱忱；並且找來了徐有守、金耀基、王壽南等幾個得力的年輕門生協助他。這幾個人後來也都成為社會楨幹，對國家社會都有不同的建樹。

但是，他並沒有帶來分文現金資金，應是最可驕傲之處。

有一個關鍵性問題必需解答：最初一年，尤其是最初半年，他要印行像萬有文庫薈要這種每部投資高達數百萬元的大部頭叢書，資金從何而來？他沒有自行投入或向外邀請增資，更沒有向銀行貸款，而是採行發售預約賣書的辦法。這種銷售方法的好處至少有三：第一、對外預約銷售期通常都有二、三個月，在預約期中，對將來實際可能的銷售情形，可以獲得某種程度的預見。如果預約情形過份不利，必要時甚至可以考慮是否從緩印行。第二、可經由預約收進部份現金，用以支付初期印製費用。第三、預約書價確實比書日實際出版後的現售書價便宜很多，所以對讀者是一種便利和服務。像這種至少一舉三得的銷售方法，經一再證明十分成功。所以商務印書館舉凡出版大部頭書籍，習慣都採用這種辦法⑩。

這就是雲五先生返館初年解決出版大部頭書籍龐大資金來源的秘訣。一年後，資金不僅不缺了，而且積存現金十分充裕，本已無需再用這種預約辦法，但是為了買賣雙方兩利起見，仍然繼續採用預約行銷方式。

以上所述，是截至民國六十二年（一九七三年）底情形。而雲五先生繼續主持館務直至民國六十八年（一九七九年）高齡九十二歲謝世止。民國六十三年（一九七四年）以後的六年，由於先生健康情形日趨惡化，身體多病，常因精神欠佳而白日昏睡。但恰逢石油危機引起紙張飛漲，對出版業構成重大威脅，先生仍苦為支撐，間常勉強赴館處事，為館務而奮鬥，令人敬仰。

先生在最後六年內，仍然為商務書館主持出版了許多好書，營業情形不僅繼續良好，而且歷年仍繼續累增，一如先生所說：「只有前進，決不後退⑪。」現在依據經先生親自整理的公開資料，摘要舉述其具體情形如下。先看這六年裡的主要的出版物，⑫有：重印全套國粹學報舊刊、臺二版宋蜀本太平御覽、四庫全書珍本別輯、四部叢刊三編、重印教育雜誌舊刊全套、印行四庫全書珍本六集、四部叢刊珍本、四部叢刊初編臺三版、在臺增修新版辭源、社會科學及人文科學大學叢書、四庫全書珍本七集、四庫全書珍本八集、岫廬文庫（叢書）、中正科技大辭典、四庫全書珍本九集等。

最後這六年營業情形也是逐年累有增進。概要說來，自民國六十三年（一九七四年）全年營業總額三〇、一八二、〇〇〇元，逐年累進到民國六十七年（一九七八年）的四一、五一〇、〇〇〇元；因而盈餘和股東股利所得，以及公司在銀行現金存款等各方面，也無不逐年隨之增加⑬。實在是奇蹟！

先生大約七十歲以前向不生病，而且以此自豪，常常「自稱有三不主義，即不看病、不求職、不應考⑭。」老來雖然不免也有高血壓和心臟血管等方面的老人通病，但情形並不嚴重，他也從來不以為意。依他的門生近距離觀察後所述，最後摧毀他健康的，還是他對商務印書館的責任感和無我無盡的熱忱。民國六十年至六十一年（一九七一年至一九七二年）間，為應外界多年要求，先生決定籌劃景印自創刊以至在臺復刊後的東方雜誌全套五十卷數百冊。全書原已付印，但民國六十一年（一九七二年）間，先生忽然發現該雜誌往昔所刊載文章，有部份篇章與現時臺灣實況及法律規定不盡一致之處，例如若干作者的文章，不問其內容如何，僅就其姓名即在禁止刊載之列。如予以照印出版後，必使全套雜誌遭禁，則供應學界的初意落空，因而必須全部細加檢查。而這種檢查工作，非熟悉早年我國政治社會實況及作者背景者不克勝任。匆促中不及另行安排，先生無可奈何，只好自任其事。於是竟自黎明前三、四點鐘起，以迄晚間，每日以十六、七個小時，而且持續半個多月之久，趕工從事，逐冊逐頁檢閱，終得把全套東方雜誌印出，如期送達所有預約户之手。這是因為商務印書館幾十年來，對預約發售的書，必先宣告出書日期，也必信守諾言如期將書印妥奉上，從不失信。先生對東方雜誌上述所為，完全是為了維持企業應有的信用。

據目睹當時實況的徐有守記述：「當雲五先生將該雜誌全部檢查完畢，與校閱前相較，我見其精神與健康均已判若兩人，整個人已形同癱瘓狀態，疲憊不堪。以致常臥床不起者經旬。自此以後八年，其身體即從未完全恢復元氣，百病叢生，纏綿糾結不已，以迄一九七九年九十二歲謝世⑮。」

先生生平以傳道授業解惑與培養後進為最大樂事，且最樂於與青年學子晤談論學，更不厭於應學生之請，擔任博士碩士論文指導教授。平生雖不好無謂應酬，但樂於應門生邀請聚餐飲酒。在〈岫廬記事詩存〉中即收有贈早年門生胡適等及晚年門生政治大學研究所諸生詩二十多首。在政壇掛冠前，以兼任教授名義執教鞭於臺北國立政治大學政治研究所多年；公職退職後，又接受政治大學專任教授之聘。到了民國六十年（一九七一年），高齡八十四，體力日衰，才辭去政大教席。對多年來所任政府及民間衆多的其他義務職與公益職，連年也都逐一辭卸。民國六十五年（一九七六年），高齡已八十九，自感對商務印書館第四度復興任務業已充份達成，己身則臥病在床時多而起身時少，每星期只能偶爾赴書館一行，其他場所更是絕少出現，所以決意辭去商務印書館董事長職。但事與願違，恰逢臺北有一家新成立的出版社，大量翻印商務書館所出版的長銷也是暢銷的書。雖然由於法律規定，已逾年限的書不復享有著作權保障，所以商務無法禁止這種侵略性行為；但於理於情實有不合。先生為申張正義公道起見，決定投下大量資金，將諸此書籍全部從事修訂，以便重行申請著作權登記，而取得法律保障，既利讀者大衆，又可依法保障商務應有的權益。為此一念，竟忍痛耐苦，甘願延緩退辭，以老病衰疲之身，強為支撐⑯。因而到謝世前，所僅餘留的職務只有總統府資政與商務印書館董事長二職，都是榮譽和義務性質。先生易簀之日是民國六十八年（一九七九年）八月十四日，恰與四十二年前上海八一四凌晨商務印書館大本營遭受空前未有摧毀之日同日。

先生晚年曾綜結檢討，認為商務印書館的出版物，對學術文化的貢獻，以下列三十種最有創造性意義：1.華英初階與華英進階。2.全套中小學教科書。3.東方雜誌。4.辭源。5.各科專業詞典（包括中國人名大詞典、古今地名大詞典、動物大詞典、植物大詞典、教育大詞典、中醫大詞典及其他多種大詞典）。6.四部叢刊。7.百衲本二十四史（以上為雲五先生參加商務書館前產品，以下為雲五先生參加後出自先生創意的產品）。8.百科小叢書。9.各科小叢書。10.百科全書（大量成稿遭一二八戰火全毀，致未克完成）。11.四角號碼檢字法。12.使用四角號碼編製各種索引法。13.學生國學叢書。14.萬有文庫。15.大學叢書。16.四庫珍本。17.中國文化史叢書。18.自然科學小叢書（三百種）。19.・叢書集成。20.中山大辭典（大量資料卡片毀於一二八炮火，僅印出中山大辭典一字長篇）。21.加附索引各省通志。22.年譜集成（收集編輯均已完成，正欲付印，而一二八炮火起，未能成事）。23.小學生文庫及幼童文庫。24.中學生文庫。25.人人文庫。26.各科研究小叢書。27.國學基本叢書（四百種）。28.古書今譯。29.新科學文庫。30.雲五社會科學大辭典⑰。

雲五先生晚年著手規劃景印全套四庫全書，未及完成；而商務印書館後人續予推進，終予貫徹實現影印出版，但作始者仍先生也。

在此，我們必須對雲五先生在大陸時期和來臺灣以後兩時期，在商務印書館所作努力的結果，作一個扼要分析。不必誇張或掩飾，臺灣時期的商務印書館，至少在營業上不如大陸時期遠甚，出版量上也不如遠甚。這可以從資本總額、營業額、和出版物統計等各種數字上得到證明。但就臺灣出版界內部而言，在雲老主持時期，商務印書館無論在出版物品質上、數量上、和營業額上，仍然絕對是是首屈一指的。

臺灣時期的商務印書館較大陸時期不同的基本原因，也是最重要原因，就是「市場」。再進一步徹底些說，就是購買中文書籍的市場人口的多寡。舉例而言，以大陸數億人口市場之大，出版家每出版新書一種，初版最少也是印幾千本。內容只要稍微為讀者需要者，通常大概幾個月或一年就可銷罄再版。而臺灣新書初版通常印一千本，如果不是通行的大衆讀物或輕鬆讀物，通常要幾年或許才能銷罄，學術性書籍甚至十幾年都還不一定可以銷罄。尤其商務印書館，無論在大陸或在臺灣時期，一貫不變都是以出版學術性書籍為方針，購買者的人口市場當然就更狹隘了。試舉一例，以大陸時期出版的萬有文庫和在臺出版的萬有文庫薈要為例，兩者都是雲五先生主持和編印，後者薈要甚至比前者更要精良而且價廉，但前者不數月間，初版預約期間竟就銷出八千部，後來還多次再版，而且還另有萬有文庫二集的編印發行，銷路都不錯；後者在臺初版只印幾百部，賣了一、兩年才賣完，而且並未再版。以這種每部價款新臺幣一萬元以上者而言，在那時的臺灣就已經是雖價廉但總價款卻鉅的書籍了，能夠賣出幾百部，臺灣的出版界那時都歎為奇蹟，這就十分難得了。

因為中文書的讀者當然以大陸為主體，臺灣人口只有大陸五十分之一。東南亞、香港、以及歐美華人和漢學市場，都十分有限。

雲五先生經營華國出版社不能迅速發展擴大，也完全是遇上這同一原因。

①王雲五，岫廬八十自述，頁三四八。
②王雲五，商務印書館與新教育年譜，頁八三九。
③徐有守，壬子軒筆記。
④同注①，頁一〇一六至一〇一七。
⑤同注①，頁一〇一六。
⑥同注②，頁九一二。
⑦各年書目係依據王雲五著〈商務印書館與新教育年譜〉，頁九〇九至一〇八五所載摘錄。
⑧同注②，頁一〇八一至一〇八五。
⑨同注②，頁一〇八五至一〇九〇。
⑩同注③。
⑪同注③。
⑫王壽南，王雲五先生年譜初稿，頁一六〇八至一八四八，載有民國六十三年至民國六十八年各年商務印書館主要出版物。
⑬同上，載有歷年營業數字。
⑭徐有守，王雲五與行政改革，民國九十二年十月，臺灣商務印書館初版，頁一三六，先生晚年多病後，

有時自己歎息時，對本書著者親口作此語；但以前多年來，他通常是說：「不競選、不求職、不應考。」

⑮同上，頁一五七至一五九。

⑯王雲五，民國六十四年度股東常會報告，載王壽南編，王雲五先生年譜初稿，頁一六五三。

⑰同注②，頁一〇九〇至一一〇一。

十四、雲五先生宏揚文化的大願

我們只要稍加注意，就很容易發現，雲五先生在出版界幾十年裡所作的努力，目標似乎只有一個：推廣全民教育，提高我國學術水準，促進我國文化，以加速國家進步。對此，我們特別以此專章來作進一步較詳細的說明。

他之所以如此，顯然是由於他少年失學而自修成功的親身經驗，因而發現自修讀書的重要。但是當一名少年在其知識還十分有限的時候，未必知道如何去選擇好書以及避免誤讀壞書；另外，也常常沒有錢買書。在這種情形下，如果能有專家學者為他選擇一些好書，放在圖書館裡免費供應給他，實在是解決這雙重困難的最好辦法。

雲五先生從少年時期開始，早已有此了解和懷抱。因此，當他從北京政府辭職而有了自己支配的時間，就開始要把這種助人的想法付之實現，立刻從事編譯公民叢書。隨而他主持商務印書館編譯所後，目睹商務印書館自有涵芬樓（東方圖書館前身）藏書為全國之冠，立刻就有了一個念頭，要「把一個圖書館化為千萬個圖書館」。於是他就著手進行，把涵芬樓所藏的好書，經過選擇，編印成「萬有文庫」，分門別類編好，成套廉價供應，使得當時教育尚未普及的我國，尤其是偏遠落後貧窮縣市鄉鎮等地區以及學校，可以充實他們的圖書館，甚或憑此一部萬有文庫就可以新成立一所小型圖書館。更由於萬有文庫的分門別類整理得很好，甚至可使圖書館或收藏者完全省免管理人手，十分方便。後來，他陸續還編印了大學叢書、中學生文庫、小學生文庫、幼童文庫，和幾十種名稱不同的其他叢書，以滿足各種年齡和各種性質讀者的求知需要。到臺灣後，又另外編印了萬有文庫薈要和全知少年文庫等書。他歷年來的這許多作為，一貫都是以推廣社會教育和幫助大衆讀書自修為懷。

像萬有文庫這種叢書，每部都有書幾千册，至於整個一家圖書館的藏書當然更多，而究竟要如何分類來幫助讀者尋找所要圖書的便利，是一個重大問題。當他兼任東方圖書館館長後，面對幾十萬種豐富的中文和西文藏書，又要如何把東西兩方的書分類編號管理，以利讀者，同樣是一個大問題。為此，他竟自己研究出一套中外圖書統一分類法來。

為了幫助讀者找尋所要的書，依著作人姓名去找書，也是一種必要的方法。這牽涉到檢字法的運用，也就是與我們日常查字典一樣，要利用檢字法。當然，已有的檢字法很多，但是卻都不很完美，這又促使雲五先生自己去研究，終於發明出一套非常迅捷便利的四角號碼檢字法來了。

為了要提高我民族學術文化水準，雲五先生最直接的作法就是編印大學叢書。在這之前，我們大學教師授課所用教材，主要是摘取外國書籍的內容來口授，或編成講義，或指定外文書籍原版或譯本，完全沒有自著中文本可供學生課前課後自行閱讀，影響學術研究實效者至多。所以雲五先生才下定決心，開我國風氣之先，編印大學叢書。這是與提高我國學術水準直接有關的大事。

他覺得這樣還不夠，所以晚年在臺灣期間，更倡議並且實際親手推動建立我國自行授予博士學位制度。在他的熱心與大力推動下，竟迅速獲得成功。這就是他後來被譽稱為博士之父的來由。

最後，與上述各事具有一貫關係的一件事，是他晚年盡其所有，在臺北市設立了雲五圖書館，完全由私人支持，但卻免費對外開放，是純粹公益事業。

綜結上述，他在商務印書館除了不斷大量出版好書之外，並且重點式的還另外做了上述一些極有意義的事，而且常常都是別人不敢做或認為不容易做的事。現在依各事時間先後，列舉於下：

（一）新創中外圖書統一分類法。

（二）發明四角號碼檢字法。

（三）編印萬有文庫。

（四）編印大學叢書。

（五）倡議並協助建立我國自授博士學位制度。

（六）設立財團法人雲五圖書館。

（七）未竟之志。

下文將分別就這五件事，進一步作系統性的說明。

（一）新創中外圖書統一分類法

商務印書館為自身編譯工作的需要，多年不斷大量蒐集中外圖書，而且還盡量選擇善本名版。這些書集中收藏處所原名為「涵芬樓」。由於收藏十分豐富，數量達六十多萬冊，成為全國公私立圖書館中藏書最多的圖書館。商務印書館於是特別為之建築了一所專用大樓，於民國十三年三月落成，改名為「東方圖書館」，並聘商務印書館編譯所長王雲五兼任館長。雲五先生基於熱心照顧失學大衆心理，主張圖書館對外免費開放。經書館同意照辦。

東方圖書館所面臨的困難，就是對數量如此龐大的中文西文兼有的圖書，要如何分類，也就是要採用那一種圖書分類法，以幫助讀者大衆可以迅速便捷找到所要的圖書。問題看來似乎很簡單，只要能把所有藏書都編目陳列，就可以讓讀者找到他們所要的書。但是，東方圖書館所收藏的中文書中，既有國學傳統的書，也有現代出版的西方智識新書。另外又有大量西文書。在其他圖書館裡，都是中文與西文書籍分別陳列，中文國學傳統的書和中文有關西方新知的書也分別陳列，並且分別各自採用中文和西文不同的圖書分類法，分別編號。但其缺點是中文西文同性質同類別的書不能放在一起，傳統國學和中文的西方新知書也不能放在一起，尋找起來要多費一道手續和時間。依美國圖書分類學者卡特（Cutter）所說：「圖書分類是集合各種圖書，選擇其性質相同的放在一起。」所謂各種圖書，當然包括中文和西文的圖書也要放在一起。依卡特的闡述，優良的分類法應該符合下述兩項原則：

1.須按性質相同原則分類，也就是按圖書內容在學科上所居位置分類。

2.應將所有圖書按所分之類陳列，使同類圖書不分開陳列，不同類的書不插入。

中外古今的圖書分類法為數衆多，有的甚至依版本時代、版本大小、或作者的身份等來分類，固各有其特殊目的與價值，但對一般讀者大衆當然是不適用的。至於適用於一般讀者大衆，而按圖書性質來分類的方法也很多，大多都是按學科性質之不同分類。在西方，自最早亞里士多德的分為歷史、文學、哲學三大類的最簡單分類法，以至近代歐美各國學者各自發明的各種分類法，不可勝計。在這許多分類法中，杜威分類法與卡特分類法兩種在我國比較流行。

這種種分類法用之於中文圖書時，大概對源自西方的現代社會科學與自然科學等書是可以適用的，至於對於我國大量古籍來說，就很不相稱。我國自古以來有適合我們自己圖書的的分類法。最早是劉歆的七略分類法，把圖書區分為輯略、文藝略、諸子略、詩賦略、兵書略、術數略、方紀略等七略，也就是七大類。隨時代的遞進而有演變，到唐朝時就出現了四部分類法，把圖書區分為經、史、子、集四大類。這種分類法沿用到清朝，四庫全書予以繼續採用。不過，四庫全書在四部之下又增加了一些次級分類。

如何把我國這種四大類的區分法與西方的學科分類溶合起來，以便把中文與西文書統合為一種分類方法，實在存有重大困難。有人用一種偷懶的方法，就是在杜威的十大類之外，再加上我國的經史子集四類，並且再加叢書一類，成為十五類（其中包括叢、經、史、子、集等五類中文書）。這看起來似乎聰明而容易，但實際上卻很勉強。因為例如經書之中，有「詩經」一書，依杜威分類法，應該陳列在文學大類之下的詩歌小類中。但照上述十五大類的分類法，詩經一書卻當然是陳列在經類中，而不能與其他中文西文的詩歌書陳列在一起。又如「書經」實際上是一部上古史，「禮記」是社會科學，但在杜威分類法中的史書類和社會科學類中卻找不到這兩本書。

很顯然，如果不另行設計一種可供中外圖書統一分類的新方法，則很難達成上述卡特所舉述的兩項原則。雲五先生為了要解決這一困難，所以決心要自己研究一種可以統一分類的新方法。

除了我國的幾種傳統分類法過於粗疏，已經很難適應現代學術發達後分工越來越精密的實況，姑不討論外；至於西方的種種分類法，在分類後所使用的標示符號，也有多種不同的方法。大致說來，可以歸納為下列三類：1.用英文字母作符號。2.用數目字作符號。3.兼用英文字母和數目字作符號。其中第2類方法可以杜威分類法為代表，我國各圖書館用得最多。但也有些圖書館對之稍加改進，以求適合我國需要。雲五先生經過仔細考慮後，決定也採用杜威法再加改進。依他自己說明：

> 我為維持卡特氏的兩條件，並為求達成中外圖書統一分類的原則，經檢討各種分類法後，以為應作左列各項之認定：1.認定杜威的分類法在中國的圖書館界是比較的適用。2.認定杜威的分類法要適用於中國圖書館，應設法擴充，以便容納中國特有的書籍。3.認定擴充的類號應該是新創的，不要佔據了杜威原有類號的地位；否則，牽一髮而全體都受影響，結果便使外國文的原本不能和譯本放在一起①。

這段引文中說到「擴充」與「新創」，關鍵正在如何擴充和如何新創？以及如何在不佔據杜威原有類號的地位而又成功容納了中國特有的書。

他苦思了一兩個月不得其解。有一天，偶見鄰居的門牌號碼是一八三A，因為那房子介於既有門牌一八三號與一八四號之間，所以就用這個辨法，在不占用兩個既有門牌號碼地位的條件下，擠進去建立新的號碼。這使他恍然大悟，想出了可以解決圖書統一編號的方向。最後決定方法，是在原杜威分類號碼前依需要之不同，分別增加下列三個符號中之一個：十、廾、士。凡是書碼中沒有增加這三個中任何一個符號的原杜威分類號碼，都完全仍依杜威分類處理，絕對不影響原系統的使用；凡是增加了三個符號中任何一個符號的分類號碼，就表示是中文出版物。而且凡是有這種符號的號碼，都排列在沒有符號的同類號碼之前，以便尋找中文書更迅捷。當然，以上只是扼要大致的介紹；至於詳細具體的分類方法，雲五先生寫了一本專書說明，書名「中外圖書統一分類法」（商務版）。

有了這種分類法後，東方圖書館的六十多萬種書就完全依這種新而便捷的分類法來編目和陳列，不僅沒有發生任何障礙，而且行之非常順利。後來出版的萬有文庫，因為包括了四千冊各類別不同的書，以及一部叢書集成初編也有四千冊，結果也都是採用這種統一分類法，從來沒有聽見有任何人說過有什麼不方便。

（二）發明四角號碼檢字法

我國文字是方塊一字一音，與大多數其他國家的字母拼音甚至複音字結構大相異趣，而且字數相當多，康熙字典所收有四萬多字，各字的構造形式又相當複雜，雖然說是可以區分為象形、指事、會意、形聲、轉注和假借六書，實際上並不盡然。

文字是一種實用的工具。當你使用時，究竟要在這四萬多字中選用那一字最為適當，必須要有一種迅捷便利的選用方法，如果方法太複雜太慢，那就會大大降低這四萬字作為工具的價值，影響文化的進步；反之，良好的選用方法，就會促進文化的進步。這就是檢字法的價值。我們所說的檢字法，其實質就是文字排列方法，也就是確定每一字的固定所在地位，而可一索即得。其他國家的文字既然大多是用字母拼音構成，所以他們的檢字法很自然的就是依其每個字的第一個字母以及以次各字母原列順序來排列，使用十分便利，少有爭議。但是我們中文卻非如此，就大家所常提到的一些方法而言，幾千年來，雖然至少有幾十種之多，但卻似乎從來沒有一種真正方便而大家都滿意的排列方法。

中文每個字都具有形、聲、義三種要素。因此，自古以來，也就有分別依這三個要素之一來構成的一些不同檢字法。現在逐一各舉幾個實例說明於下。

例如依字「形」來排列的，有《說文解字》一書，是依小篆字體的字形來排列。後來有了楷書，於是也就有了依楷書字體的字形來排列的《玉書》一書，並且把所有的字區分為五百四十個部首。其後隨著時代的推移演進，部首逐漸簡化。到了清朝的《康熙字典》，就合併簡化成二百十四個部首了。到了民國，有高夢旦加以改進，將部首再簡化為八十部。還有現在所用的「電報碼」，大致也是依字的形體排列分類的。他如雖非依部首檢字，但也是依字的形體來檢字的，近代更有大量其他新方法，留待下文進一步補述。

又例如依字「聲」（每字的讀音）來排列的，有各種韻書，例如《唐韻》、《洪武正韻》、《廣韻》、《集韻》、《經籍纂詁》、《紀元韻編》、《通鑑地理今釋》，以至清朝編製的《佩文韻府》，都是依字的發音來排列順序，以供檢索。這種方法主要是供寫詩的人尋找同韻字之用，其最大缺點是如果對一個字的發音都不知道時，根本就無法去查檢這個字。自從國語注音符號發明及推行漸廣後，依注音符號排列次序來排列分類漢字次序的檢字法，也隨之而漸漸普遍。注音符號雖然不是依每個字原來的發音來排列漢字次序，但每個字所使用的注音符號畢竟還是從原字聲音而來，所以應該也是屬於發音分類方法的一種。不過，中年以上的國人和外國人對注音符號不熟悉，而且學習比較不易。

又例如依字「義」來排列的，有《爾雅》、《廣雅》中的〈釋詁〉、〈釋言〉等篇。這種方法的主要缺點是，我們找一個字，大多是為了要知道這個字的意義，現在反而要先知道這個字的意義才能去找這個字，所以實用價值很狹窄。

形、聲、義三類方法除有上述各例外，現在來特別再談一談依形體檢字的其他一些方法。所說依形體來檢字的方法，並不限於部首法。因為到了近代，許多人發明了一些非用部首的其他方法，例如我國近代有些字書，是在部首之外，另外還有一種檢字表，把一本字書中的全部字，先依筆畫之多少排列，然後在同一筆畫各字中再依部首排列，成為以筆畫多少與部首合併使用的新方法。林語堂專心研究檢字法幾十年，雖仍在字體上著眼，但也不用部首法，而是從筆畫形式上著眼。一度從每字的首筆分類，後來改從每字的末筆研究，並將研究結果寫成書出版了。黃希聲研究出來的方法是把全部漢字筆畫分解成二十種，稱之為二十個字母，每一個漢字都必定是由幾個字母結構而成。又有何公敢也是從每字的首筆形體研究，但與林語堂的不同。另外，還有我們過去的衙門紹興師爺或胥吏，也各別發明了供檔案管理之用的檢字方法，我所曾接觸過的一種是依每字首筆形狀來排列分類，稱之為「江山千古法」，也就是依字的首筆形狀，區分為「點、豎、撇、橫」四種筆形，因為江山千古這四個字的第一筆剛好是點、豎、撇、橫。另外，我過去工作過的一個機關的檔案管理，也由民初的職員發明了一種五筆檢字法，採每個字的首筆五種形體來分類排列，這五筆是「點、橫、豎、撇、曲」，是把「江山千古法」稍加改進而成，而且對於人的名字，更進一步參採王雲五的四角號碼法，採姓名中第二字的前三角和第三字的前一角共成四角四個號碼排列分類，成為五筆四碼法，十分準確便利。另外，更有習中文的外國學者，也發明了一些不同的方法。例如日本人的字書，是先依每個字的「筆畫」多少來排列，然後才進一步用部首作細部排列。俄人華胥留（W. P. Wassiliew）所著《中俄字典》（一八四四年）及《中國文字之分析》（Analysis of Chinese Characters，一八九八年）兩書，主張按每字的右旁或最低或最顯著的筆畫排列。普勒特（P. Polletti）所著《中英字典》所使用的檢字法，是採部首法後，續就該字剩餘部份再採一部首排列，以免計算筆畫之煩。還有俄人魯森保（O. Rossenberg）所著《五段排列漢字典》（一九一六年）一書所用檢字法，是他自己發明的一種十分精密但也十分複雜的方法，大致說來是：第一步，取「橫、豎、撇、捺、踢」五種筆畫為分類基礎。第二步、演進出二十四種子筆。第三步、演出五百六十七個字母，並將之分列為六十欄。第四步、每字均按字體區分為：單純字（如日字），左右連體字（如明字），和上下連體字（如昌字）三種。每查一字，都要適用這四個步驟去查，非常精確，但手續繁多而複雜，不易學習，使用不便[2]。事實上，此外還有許多也是按字的形體來排列分類的其他方法。但在所有形體分類的方法中，至今似仍以部首法使用最為普遍。

部首法有很多缺點，現在扼要舉例如下：（一）部首不易使用：部首太多，甚至通常一般人不知道有些什麼部首。而一字在手，更常不易分辨究竟應該在何一部首去尋找那個字。例如此字列入匕部，君字列入口部，勿字列入勹部，求字列入水部，承字列入手部，公字列入八部，分字列入刀部，仝字列入人部，全字列入入部，舍字列入舌部，含字和合字都列入口部，衆字列入目部，與字列入臼部，夜字列入夕部，滕字列入水部，危字列入P部，者字列入老部，年字列入干部。諸如此類，不僅不合理，而且令人難以適從，尋找部首困難。（二）同一部首內字太多不易找到：以康熙字典為例，二一四個部首中共有四萬多字，一部首平均不下二百字。而實際上字數多的部首，例如草部有一千九百多字。所以在同一部首內又復再依筆畫多少來排列各字先後，但計算筆畫卻常有困難。例如草字頭，有時寫作四筆，有時寫作三筆，難以確定，以至一字要重複試算多次。更有許多字筆畫太多，計算費時，例如齾字，竟有三十五、六筆之多，其他十餘二十筆者所在多有。另外，算出筆畫後，同一筆畫內的字數有時也太多，仍以草部為例，共有十五個筆畫，平均每一筆畫有一百三十多個字，找所要的字十分費時。由於以上兩大原因，以致每查二、三個字，常要費時甚長，非常不便而令人煩厭，影響研究效率與興趣者至大。

雲五先生說：「我研究檢字法的動機，是感於部首檢字法之費時多而仍不易確定③。」所以他下定決心要解決這一問題。自一九二四年十一月開始研究，費了一年時間，到次年民國十四年（一九二五年）十一月，第一次發表他後來自稱為「原訂四角檢字法」。發表後引起廣泛注意，中外人士來信讚美以及撰文表示好評的共有八十多起，請求同意採用「原訂四角檢字法」的有二十多起（包括美國國會圖書館中國藏書部）。但是由於他本人對這一初步設計還不自滿，所以勸請他們都再稍等待，俟加改進後再採用。於是他繼續又花了兩年時間，一面研究，一面實驗，改訂了七十多次，才在民國十五年（一九二六年）第二次發表他後來自稱為「號碼檢字法」的改進本。但是他仍然自覺不很完美，所以仍再繼續研究，而終於延至民國十七年（一九二八年）九月，才發表最後定案而且流行至今的「四角號碼檢字法」。

回顧從起始研究之日，以迄完成，歷經四年，中間自行修正七十多次，徹底變更設計兩次，發表三次，終底於成。從雲五先生事後自述其研究經過種種情形看來，的確令人既感且佩，而且可以想見他那全神貫注的神態，真可說是思之思之，念茲在茲，精誠所至，鬼神通之。他說，當他在長年苦思後，某日用餐仍然在獨自深思時，忽然悟解到應該朝字體不同形式筆畫的區別和用數字作符號這兩個方向去研究，而跳出部首和筆畫數量這兩個漩渦。當這觀點在腦際閃現時，他好像在長期黑暗摸索中忽然看見了一線光明，大喜之下，不覺把飯桌一拍，哈哈大笑，把同桌用餐的家人都嚇一大跳，以為他發狂了④。從此一例也可以看出雲五先生對解決問題的專注與執著。

在著手研究之初，他對像想中的優良檢字法建立了八項原則如下，而這八項原則，現在在我看來，實際上正是四角號碼檢字法的優點：

1. 人人都能明白。
2. 檢查迅速。
3. 必須一檢便得，不要轉了許多彎曲。
4. 不必知道筆順。
5. 每字的排列有一種當然的次序，不必靠著索引上所注明的頁數或其他武斷的號碼，便能檢查。
6. 不可有繁瑣的規則。
7. 每字有一定的地位。
8. 無論如何疑難之字，必能檢得。

雲五先生研究這種檢字法中間的轉折和辛苦，他自己曾經幾次有文字敘述，可以詳閱他所著《四角號碼檢字法》一書以及《岫盧八十自述》有關章節，我們在此就不贅述。現在只把這種檢字法的內容扼要介紹。

這種方法的一切優點，淺見認為都是建立在下述的基礎上：既不採用難以辨別確定的部首法，也不採用費時費事不易確定的筆畫數目法，更不採用整個字各種不同形狀筆畫數目法；而簡化為單純地只依每個字四角筆畫的形狀不同，給予四個數目字構成一個號碼，就可以依這個四角號碼，容易而又準確地在一本字典中，或一整套編目中，或一組資料中，找出這個字或其資料的所在來。而當偶爾有少數兩個甚或三個號碼相同的字出現時，則再分別各給予第五個號碼，這個第五碼他稱之為附碼。

對四角不同形狀筆畫的代表號如下：

頭　橫　垂　點　叉　插　方　角　八　小
〇　1　2　3　4　5　6　7　8　9

為便記憶，胡適之為這套代號作了一首「筆畫號碼歌」如下：

一橫二垂三點捺，點下帶橫變零頭；
叉四插五方塊六，七角八八小是九。

四角取碼的先後次序是一個字的左上、右上、左下、右下。一個筆畫用過後，如再遇見於另一角時，另一角的號碼則作零。如有兩個不同的字而四碼相同時，例如正、玉、王、五，這四個字的號碼都是１０１０，則應再取附碼（第五碼）。取附碼的規則如下：以右下角上方最貼近而露鋒芒的一筆為附角，如該筆業已用過，則附角作零。於是正、玉、王、五這四個字的五碼分別為１０１０１，１０１０^{3}，１０１０^{4}和１０１０^{7}。

雲五先生曾經歸納四角號碼檢字法的好處有五。現在仍然依他原來的五個標題，但按我自己的了解和經驗加以說明如下：

1.最徹底的方法：對每種特殊情形都被發掘出來，而且一一經過研究予以解決，所以使用這一方法不會有任何歧疑。

2.最迅速的方法：毫無疑問，四角號碼檢字法是所有已知各種檢字法中最迅速的方法。只要記熟它的筆畫號碼歌的人，就可把任何一個面臨的字，閉著眼睛毫不費力立即念出它的四角號碼來。我曾經看見有兩位熟悉這方法的朋友，用四角號碼對話，十分迅速方便。還有人在特殊環境下，用四角號碼來代替文字通訊。

3.最自然的方法：完全只要按每字的原狀取它的四角以定號碼，非常自然而容易。

4.最直接的方法：面對所有的字，可以不再需要任何其他工具或索引資料或計算筆畫等的幫助，直接就可以口念出四角號碼來。

5.最粗而密的方法：所說密，是指本方法週延細密，沒有任何照顧不到的例外情形。所謂粗，是指使用時非常簡單方便，只要花很短時間粗粗學習就會使用。

以上所說的優點都是事實，所以這套方法很快就風行中外，除了用來在字書中查字之外，而且更用來做索引、管理公私機關機構檔案、會員名錄、圖書卡片等等。機關學校採用來管理其人員的就不下幾百個單位，例如中國國民黨對其數目龐大的黨員管理，向來就是採用這套方法。

東方圖書館當然是採用這一方法編製它的藏書書名卡和作者人名卡。

（三）編印萬有文庫

杜甫說：「安得廣廈千萬間，盡庇天下寒士皆歡顏。」雲五先生的編印萬有文庫，正是他貫徹這種普及圖書館以廣庇天下失學無書可讀之士宏願的一個重要做法。編印萬有文庫是一種創新的做法，而這一創新的念頭，是源始於他多年來蘊藏於內心要去幫助他人的熱心腸；但從企業經營立場來看，這種投資，最初可能不無冒險成份，但是他竟然還是排除萬難而做了，而且竟然在企業經營上成功了。這一營業上的成功，他事後似乎也承認有點出於偶然而覺得意外。但是我們仔細思考後，覺得這實在並不能說是出於偶然，因為必須萬有文庫這部書確有普及的價值，才會有可能被各方選中而大量購買。雲五先生所說的偶然，指的是其時浙江省財政廳長錢新之開風氣之先的一次批購一百部，以廣贈浙省各縣之舉，下文會再談到。

談到雲五先生那番慈航普渡的苦心宏願，我們先來聽聽他自己怎麼說。他在八十歲回憶所及時，就把這一往事稱之為是「由一個圖書館化身為無量數小圖書館」，這裡所說的一個圖書館，指的是那時候藏書全國第一豐富的東方圖書館，雲五先生兼任其館長；所說的無量數圖書館，指的是全國各地尤其是教育不普及的偏遠縣市鄉鎮地區以及經費不足的一些中小學校和社會的小圖書館。他說：

我創編萬有文庫的動機，一言以蔽之，不外是推己及人；就是顧念自己所遭遇的困難，想為他人解決同樣的困難。我少年失去入校讀書的充份機會，可是不甘失學，以努力自學補其缺憾……適主持商務印書館編譯所，兼長東方圖書館。後者以數十萬冊的私藏圖書公開於讀書界，前者又有以優良讀物供應讀書界的可能。自從東方圖書館以專供商務印書館編譯所同人參考的涵芬樓為基礎，而改組以後，我的次一步驟，便想把整個的大規模東方圖書館化身為千萬個小圖書館，使散在於全國各地方、各學校、各機關，而且可能還散在許多的家庭。我的理想便是協助各地方、各學校、各機關、甚至許多家庭，以極低的代價創辦具體而微的圖書館，並使這些圖書館的分類編目及其他管理工作極度簡單化；得以微小的開辦費成立一個小規模的圖書館後，其管理費可以降至於零⑤。

我自二十歲左右便開始感到圖書館的重要。自入長商務印書館編譯所之次年（按、即一九二二年），即籌備為國內小圖書館植其初基。……尤以東方圖書館由我整理經年，已於十六年（一九二七年）正式公開，其次一步驟，當是推己及人，想把整個大規模的圖書館，化身為無量數的小圖書館，使散在全國各地、各學校、各機關、而且可能時，還散在許多家庭。質言之，我的理想便是協助各地方、各學校、各機關、甚至各家庭，以極低的代價，創辦具體而微的圖書館，並使這些圖書館的分類索引及其他各種管理工作極其簡單化。因而以微小的開辦費成立一個小規模圖書館後，其管理費用降至幾等於零⑥。

萬有文庫發行六年後，他回憶這件事時，強調說：

本文庫之目的，在為全國建立花費極少，管理極便的小圖書館。除所收之書，各科具備，並且每書都載明分類號碼，並附卡片，只要一位中等學生便能管理，無需聘任專家⑦。

他於民國十年（一九二一年）初任編譯所長後，就決定要編這麼一部大叢書，以實現多年宏願。第一步就是先做預備工作，有系統的編印各種小叢書幾十種之多。從民國十一年起以至十六年（一九二二年至一九二七年）底止六年期間，以小叢書名義出版的這些書不下五百種之多。到一九二八年一月，就開始進行有關萬有文庫的各項編輯工作，經過一年半的積極努力，而於一九二九年出書。這項編輯工作包括三部份：第一、將歷年已出版的各種小叢書，從事系統性的檢查，去蕪存精，不足者或缺少者予以補充，務使週全。第二、另就我國古籍中選出適於列入本文庫而屬於國學基本學識者一百種，而且所用古書版本均以最後出而注釋最詳備者優先，有別於商務印書館另一名編四部叢刊之偏重古版的原則。第三、選擇世界名著編入。如果是原本已有譯本，則重加審查核校；如果尚未有譯本，則約定專人補譯納入。這情形，顯示萬有文庫是由這三部份書籍組成：1.現代各科知識。2.漢譯世界名著。3.國學基本知識古籍。

民國十八年（一九二九年）二、三月，全書編輯完成，共收入圖書一千零十種，一億一千五百萬字，分訂成三十二開本二千冊。在全套文庫內容的組成上，計包括國學基本叢書一百種，漢譯世界名著一百種，各科（主要為農工商醫等科）小叢書十一種。

本來準備稱為千種叢書，固然與收入圖書恰好剛逾千種名實相符，但是經再考慮後，認為這一部文庫將不止於出一集就了結，而將繼續發展且收書種類達萬種。所以後來才決定書名為萬有文庫。並經決定同年三月開始發售預約四個月，七月出書。預約價從廉，定為每部銀元三百六十元。當然，這是一項重大投資，必須先經館務管理當局核准。因為投資成功，產品暢銷，公司固然是名成利就；但若一旦滯銷，則所積壓資本現金為數鉅大，情形嚴重，必定影響企業整體運作。而這個管理當局，就是公司董事會下的商務印書館總務處（總管理處）會議。會議由總經理鮑咸昌主持，協理金邦平，兩位經理李拔可及夏小芳，及三位所長鮑咸昌（總經理兼印刷所長），李拔可（兼發行所長），編譯所長王雲五等共六人組成，另有總務處機要科長（或副科長），及編譯所出版部部長高夢旦（前編譯所長）二人列席。那天機要科列席人是副科長盛桐蓀。這些人中，除雲五先生是最資淺者外，其餘都是公司老人。萬有文庫印行計畫案提出後，大家對文庫內容和所訂預約價等都無異議，一致贊成印行；但討論到初版印製多少部時，雲五先生估量銷路應該不錯，主張印五千部。但列席的盛桐蓀副科長則認為五千部之數稍多，除委婉詳加說明外，並主張應慎重考慮，如果銷售情形良好，還是可以再版的，而且那時每印新書都留有紙型，再版實在並非很貴昂。雲五先生則不以為然，認為再版費用畢竟比初版增加印量的成本要高很多，明明看準了銷路很好，為何如此保守？雙方於是發生辯論。雖然盛桐蓀始終心平氣和，但雲五先生則滔滔不絕嚴詞駁斥。與會人員一時都不便發表意見，而持旁觀態度。終於還是和事佬高夢旦以元老身份，出以幽默和善口吻，適時從中緩解。雲五先生才比較心平氣和下來。最後，當然還是決定印行五千部，而盛桐蓀也不再辯論。

雲五先生老來回憶這件事情時，數度以充滿歉疚的口吻筆述說：

> 盛君之見解原甚正確，但那時候我的自信力過強，且雖參加商務印書館七、八年，卻專注意於編譯方面，對營業還未嘗作深入研究，而於工商管理更一無所知；只以自己辛辛苦苦，成此盛舉，桐蓀竟澆以冷水，不禁深為不滿，因即極力反駁，謂不應以傳統之見解，衡量此一空前之經營……會議後，我漸回復客觀的態度，頗覺我在會中發言不免有些過火，但仍認為五千部之售罄不成問題⑧。
>
> 我當時只知編書，不懂營業，尤其不懂科學管理方法，所以冒險大量印行，實是不合科學管理的。當時我錯怪了盛先生⑨。

十分不幸，開始預約後，第一個月銷出果然不到一百部，引起恐慌。原因很簡單，儘管說是以如許一部有價值的鉅書，只售三百六十元確實是便宜，但三百六十銀元在當時畢竟是一個大數目（我記得當時在我們江西省會南昌這種都市，買一棟有六、七個大房間和兩間寬敞中廳的平房，也不到二千銀元）。不過，就在此時，忽然平空出現了一位救星。浙江省政府財政廳長錢新之先生恰好手頭有一筆可公可私的鉅款，決心要全數拿出來為浙江省做公益，卻還不知道實際上該如何做才好。他偶然與一位朋友談到這件事。這位朋友雖然認識雲五先生，但並無交情，只不過是一位平常注意新書出版的人，他看到過萬有文庫的廣告，認為是好書，有了這麼一部就可以建立一座小規模的圖書館，所以正打算自己預約一部。於是也就把這部文庫介紹給錢新之。錢先生經直接取得有關資料切實了解全書性質內容後，知道確實是可以此書幫助浙江省每縣成立一所小型圖書館，或充實原有圖書館，很有意義。於是派人往商務印書館洽商，請再酌予優待，以便可就原有該筆款額全部支付而購得一百部，俾使每一縣份都可分得一部萬有文庫。由於是大宗批購，經獲得同意優待成交。

這一項交易的消息流傳開來後，引起其他各省也有了比照購買的動機。商務印書館並且配合情勢，補行定出集體預約的優待辦法，並且分函通知商務印書館各地分館向各省教育廳或有關主管機關直接接洽。結果各省也先後來批購，少者預約五十部，多者

一、二百部不等，很快就預約銷出二千多部。而私人藏書家也聞風而起，紛紛預約。到四個月預約期滿，已預約出六千部，竟超出原定印量五千部之數甚多。而連同預約期滿後的銷數，最後實際共銷出八千多部。真是一項奇蹟！

以上是萬有文庫第一集編輯和銷售經過，其預約期是在民國十八年（一九二九年）夏季，恰逢國民革命軍於民國十七年（一九二八年）完成北伐，建都南京，全國大統一局面出現初始，國家正需要安定、休息和生聚教養之際。萬有文庫應時而出，實有重大意義。但是很不幸，實際是只有一年半時間後，就爆發了民國二十年元月日軍攻打我國上海的一二八的炮戰，上海市尤其是商務印書館遭遇到空前的浩劫，但在雲五先生苦心規畫奮鬥後，竟於半年內即告復興，情形已見前述。而萬有文庫第一集的印製，因戰火而延至民國二十二年（一九三三年）底才全部完成。

雲五先生於是迅速又在民國二十三年（一九三四年）完成萬有文庫第二集的編輯工作，計包括圖書七百種，分訂成三十二開本二千冊，約一億九千萬字，比第一集字數增加很多。第二集內容結構仍然包括國學基本叢書三百種，漢譯世界名著一百五十種，自然科學小叢書二百種，及現代問題小叢書五十種。較之第一集構成之各部份而言，在數量上顯然都有加強。而最強者在國學基本叢書上。此外，第二集並附有極具價值的參考鉅著二種，一為十通，二為佩文韻府。所稱十通，是由正三通、續三通、清朝三通、及清朝續文獻通考等十種組成。

依雲五先生自述，在編輯第二集過程中，不無困難，以致先後曾三易其稿。其中尤以國學基本叢書的取舍最為不易。因國學書籍浩瀚如海，為數繁多，何者重要，觀點各異。但為便利初學少年起見，最後竟決定選入未見於各家書目者十四種，及更別選近人所著國學入門書十三種。至於漢譯世界名著，也不盡同於西方觀點，而以適合我國需要為取舍標準。另現代問題叢書各書，則為第一集所無，而是第二集新增，以應需要。

到七七事變前一年的民國二十五年（一九三六年），萬有文庫第一、二兩集都已經出版完成。其中第二集銷售情形仍然不惡，銷出約六千部。而僅憑萬有文庫新成立的圖書館竟達二千所以上，貫徹了雲五先生普及智識傳播的目的和心願。依據民國二十二年（一九三三年）底教育部發布的統計，民國十九年度（一九三〇年）全國各省、市公、私立圖書館共有二，九三五所，其中包括：普通圖書館九〇三所，專門圖書館五八所，民衆圖書館五七五所，學校圖書館六九四所⑩。而萬有文庫一、二集分別銷出八千部或六千部不等，當然是以圖書館為銷售主要對象，在此近三千圖書館中，多有僅憑賴一部萬有文庫而成館者。

以上一、二兩集共有書四千册，夠得上說是卷帙浩繁，對圖書館和學校誠然是很好，但對一般家庭和私人藏書家以及經費更短拙的小機構學校來說，畢竟是書不貴而價款有點多，書很多但卻無處置放，所以不免比較不便。為此，雲五先生特別又做了一個工作，從兩集四千冊中精選圖書五百種，分訂成一千二百冊，其中國學基本叢書六六三冊，漢譯世界名著二六三冊，各科小叢書十一部二九七冊，名之為萬有文庫簡篇發行。可惜發行不久，就爆發了七七事變，隨之而有八年長期抗戰，以致簡篇一書流行不甚普及。

原本計畫還要繼續編印第三集、第四集，但戰事逆轉，在八年抗戰的第一年就有大部份地區淪陷，以致原計畫不得不擱置。而這一延擱，竟使幾十年後至今都無法實現繼續增編三、四集的初願。

民國五十二年（一九六三年），雲五先生在臺灣自政壇掛冠，臺灣商務印書館股份有限公司於民國五十三年（一九六四年）第一次股東常會選舉雲五先生為第一任董事長，以後每逢任期屆滿，都被選舉連任，以迄民國六十八年（一九七九年）九十二高齡離世之日止，計在職五屆連續十五年。他回館後第一件大措施，就是編印萬有文庫薈要一部，而且再度宣告成功，其概況本書前於一〇四頁及一〇七頁都約略提到。現在將他編輯薈要的經過在此補述。

他有鑒於萬有文庫對大陸各地讀者提供智識之舉十分成功，所以首先考慮到在台應有類似計畫。因為在他回館之初，經他調查所知，臺灣全省僅有萬有文庫第一集一部，第二集三部，以及簡編二部，而且簡編二部中有一部是雲五先生持有。這情形表示，當年萬有文庫雖然暢銷全國，卻並沒有銷到尚未光復的臺灣。這時，他曾考慮在香港搜購，得知第一集需價臺幣六、七萬元，第二集要價十萬元，簡編也要四、五萬元，而且書多殘缺。

雖然萬有文庫這部書所選印的幾乎大都是類乎古典名著，不涉時間性問題而可永供研閱，但是由於半個世紀後當今的時代需要畢竟有所不同，不宜於在臺照原版重印供應，而有重加選擇淘汰或作部份修訂之必要。於是獨自一人埋頭苦幹。他這時是每日上午到館上班處理館務，下午則留在家裡獨力從事這一編審工作。他審編的具體做法是以萬有文庫簡編為基礎，將所編入的每一種書一一親自細加審閱，分別從事刪除或增補，斟酌至再，不厭其詳。其中刪減者比較容易，而增補則稍有辛苦。如此每日工作平均約四小時，持續工作三個多月約一百日，費時四百多個小時，全書編成，並仿四庫全書薈要名稱，稱之為萬有文庫薈要。計選定叢書八部，書四百種，分訂成一千二百冊，其中國學基本叢書七三〇冊，漢譯世界名著二七五冊，各科小叢書六部，一九五冊。

請注意，臺灣商務印書館對先生此一費力費時編輯工作，自始未提供任何人力協助，更無付給分文編輯酬勞金或版稅。先生亦無薪俸或車馬費或其他任何名目之費用支取。

這部萬有文庫薈要於一九六五年發行預約，每部預約價新臺幣一萬元，雖然一萬元的數字在那時也非細數，但與這部書相衡量，實在便宜（那時一位行政院的高級簡任官的月俸是新臺幣二千元，可以用來衡量比較）。有守本人恰好就在這一年，一九六五年春節辭卸行政院高級簡任職到臺灣商務印書館擔任館長職務，負書館全部責任。而第一椿使我感到壓力的任務，就是銷售這部薈要。但是，我們除了鼓勵館中每一位館員自動就個人關係所及，自然為這部書作宣傳介銷外，我們主要的行銷方法也只是刊登廣告。結果是銷出了約四百部。以臺灣當時約二千萬人口與市場之狹窄情形而論，能銷出四百部，平均每五萬人就買了一部，與銷路最好的萬有文庫第一集比較，當時大陸人口姑且就依最古老的說法四萬萬五千萬來計算，450, 000,000 人÷8, 000 部= 56, 250 人，每五萬六千人才買一部，似乎薈要一書在臺灣銷售情形不僅不次於文庫第一集當年在大陸銷售情形，且略有過之。

世人對於先生發宏願編印萬有文庫之舉念念不忘，自所必然；但事實上，先生與此宏願有關之舉尚多，只是規模雖不如萬有文庫之宏大，但實際規模也算不小，例如四部叢刊、叢書集成、四庫珍本、中學生文庫、少年文庫、小學生文庫、幼童文庫等都是。

（四）編印大學叢書

商務印書館編印大學叢書，是雲五先生普及文化和促進我國學術進步一貫思想中的重要一環；所稱一貫思想，事實很明顯。雲五先生編印了幼童文庫，小學生文庫，後來還編印了中學生文庫，以及供應社會大衆的萬有文庫，所缺唯獨專供大學生研讀用的大學叢書。要編印大學叢書是他放在內心已久的心願，只是要逐漸推進，按步做來。

同時，商務印書館又是以編印教科書創業，既然早已成為全國中、小學校教科書的最大供應者，更不能沒有大學教科書的出版。

原來在一二八事件之前就有編印大學叢書的打算，但是受一二八事件影響而暫時延擱下來了。到了民國二十一年（一九三二年），萬有文庫一、二兩集都已出版了，而且十分成功；一二八事變的創痕也消褪了，科學管理初行引起的風波也平復了；人事經過自然整理，內部關係也改進了，雲五先生的聲譽日更昌隆。他開始規畫編印大學叢書。

民國二十年（一九三一年）時，雲五先生說：

> 國內各大學之不能不採用外國文圖書者，自以本國文無適當之圖書可用，而其弊凡任高等教育者皆能言之。本館見近年日本學術之能獨立，由於廣譯歐美專門著作以及鼓勵本國專門著作。竊不自揣，願為前驅，與國內各學術機關各學者合作，從事於高深著作之譯撰，期次第貢獻於國人⑪。

民國二十一年（一九三二年），商務印書館設大學叢書委員會，致函該叢書各委員時說得更明白：

敝館遭（一二八戰火）難以後，益覺學術救國實為要圖。大學叢書之出版，不容再緩。決將原定之大學叢書初步計畫，於處境萬難中，繼續進行，期以五年之時期，逐步促其實現。敝館所以有大學叢書之出版計畫，其理由有二：敝館以為，吾國專門學術之不能長足進步，原因雖多，而缺乏本國文之專門著作，實為主因之一。加以近年因金貴關係，學生負擔過重，更無力多購西文參考圖書。因是，凡在大學肄業者，或以經濟關係，而無書可讀；或以文字關係，而事倍於功。此中困難，服務高等教育機關者類能道之。此大學叢書之急宜印行者一。敝館因忝為吾國最大出版家之一，自民國八、九年以來，國內高等教育機關及重要學術團體編輯各種專門著述，無不委託敝館印行。團體數目多至數十，出版圖書多至數百，敝館得有參加學術貢獻之機會，自極榮幸。惟是各學術團體間對於著作計畫，初無聯絡。出版圖書不僅時嫌重複，且亦間有偏倚。購者既苦於無緒可尋，敝館亦時感顧此失彼。倘全國專門學者能通力合作，將大學應有科目擬定整個計畫，再按計畫中所定科目分任著述，不使重複，於合作之中仍寓分工之意，則三、五年後此項大學用書定能日積月累，蔚為巨觀。此於吾國之進步及學子之求圖書之便利，均將裨益不淺。……此大學叢書之急宜印行者二⑫。

大學叢書委員會經就中央研究院、全國各大學及各著名學術團體之學人中，聘請卓著聲譽學者教授五十五位為委員，組成委員會，而由雲五先生兼任主任委員。並且訂定委員會章程六條及印行叢書章程十條。兩章程要旨如下：1.大學叢書第一集暫定為三百種，分五年出齊，每年出版四十種。2.所有叢書由委員會訂定書目，經各委員介紹專家由本館約請編著，或由各委員代為徵集稿本；本館已出版之學術著作經本委員會審定後亦得列入為本大學叢書。3.每種叢書全文以十五萬字至三十萬字為度。須經委員一人以上之審定。4.著作人版稅為百分之十五。5.委員受託審查本叢書稿本後，酌致送審查費。6.委員任務有三：擬定大學叢書全目，介紹或徵集大學叢書稿本，審查大學叢書稿本。

從上述章程要旨看來，委員會並無必須舉行會議議事的規定，以資適應委員散處全國各地之事實；而且也無薪俸，是一種榮譽職。觀乎以後大學叢書出版十分順利成功情形，證明這種辦法得當。到了民國二十六年（一九三七年）秋七七事變爆發時止，為時還只有四年多，已編印的大學叢書超過了二百種。戰爭爆發後，隨戰事的推進，戰時印書館的重心，先後移至香港和重慶，而大學叢書的編印仍然繼續進行。商務印書館這套大學叢書，各書內容水準之高，舉凡七七事變前與大學教育有關的人士，應該都有印象。這套叢書不僅在智識供應上給予青年學子們莫大的便利，更有意義的是建立了我們學術自立的信心。

國人有此經驗後，首先就是教育部國立編譯館的起而仿效，編輯一套「部定大學用書」，並且分別委託各大書店印行。商務印書館雖已先有自編的大學叢書，但為表支持與倡導起見，仍然與其他書局相同，接受編譯館的部份「部定大學用書」稿，予以印行出版。再接著就是若干其他書局，也先後仿效，起而自編大學用書出版，遂成風氣。雲五先生之率先倡導出版大學叢書之舉，對我國教育的普及與學術研究風氣的促進，功莫大焉。

（五）倡議並協助確立我國自授博士學位制度

教育的普及與學術水準的提高，雖然是兩件事，但兩者當然仍舊密切相關而聯繫。清廷於民前九年及八年（一九〇二及一九〇三）兩年先後公布的「壬寅學制」與「癸卯學制」，開始了我國現代學校教育新體制。各地紛紛設立中、小學堂和大學堂。但是，儘管經過半個世紀的努力，儘管學校制度也早已穩定健全，卻直到民國四十五年（一九五六年），我國仍然不曾建立起博士學位授予制度，也就是我國不能自行授予博士學位。因此，舉凡要修博士學位的國人，必須遠赴國外修讀。這件事嚴重暴露了下面的問題：我們學術不能自立，進一步更倒過來使得國人失去學術自信心。但是，這樣嚴重的事情，卻似乎從來沒有人看見，也沒人注意。大家都麻木了！自甘於落後地步而無所行動。結果，竟有一位連小學也沒有讀過，只是因自修成功的博學之士（但不是博士），出來登高一呼，為之呼籲奔走，一手為我國建立了博士學位授予制度。從此，我國才陸續有自授博士出現。而且就最早獲得這種博士學位的幾位人士來評量，我們的國產博士水準很高，證明這件事十分成功。而這位登高一呼的人，就是從來沒有進過任何正規學校，連小學畢業證書也沒有的布衣王雲五先生。

我國遠在民國二十四年（一九三五年）就制定了「學位授予法」，繼續施行至今。其中第二條規定，學位分學士、碩士及博士三種。學士與碩士兩種學位早就實現授予，唯有博士學位始終不曾有所授予。依該法第七條第二項規定：「博士學位考試細則」由行政院會同考試院定之。而這一細則也迄未制定，原因不明。不知是否認為我國授予博士學位條件尚未成熟？抑或國人過於謹慎謙虛？後來才知道，實際上只是出於我名之為鄉愿心理和學術自卑感，下文將述及。

雲五先生當時恰好任職考試院副院長，並且是臺北政治大學政治研究所的兼任教授，所以對這種情形最為清楚，也最為關心。他對這件事所持的基本看法，發人深省。他認為博士學位持有人所需具有的學術程度，並沒有設定的絕對標準，所以我們不宜故步自封。若不開始，將永難開始。授予博士學位的作用，首在鼓勵研究，不必有自卑感而過份慎重，以及總是耽心博士水準過低，學術是應該逐步培植發展的。因此，基於一貫關切和促進我國教育文化熱忱，他自動挺身而出，推動我國授予博士學位之實現，首先逕行與當時教育部長張其昀先生洽商，催請迅速草擬了這一細則送考試院會商。恰逢張部長也是一位具有前瞻眼光的官員，於是也就欣然迅速草擬了這一細則草案，經由行政院送考試院洽商。經考試院依內部行政程序交幕僚人員研簽意見後，時任院長莫德惠先生特別送請副院長雲五先生審核提出意見。雲五先生經仔細研究後，特別於民國四十六年（一九五七年）三月親筆詳函答復莫院長⑬，主要內容如下：

1.考試院民國三十五年（一九四六年）所提出的主張，在研究所定期研究並經一定程序後始授予博士學位此一途徑外，也可經由其他途徑授予博士學位。如仍依此觀點以衡量考試院參事本次所簽報的意見及教育部送來的一些修正意見，應都無問題。但改組後的現任考試院則宜就政策觀點對本案重作檢討。此係應解決的先決問題。

2.西方國家之授予博士學位，都必須先在大學研究所從事相當時期研究後，經過資格考試及格，提出學位論文，再經論文口試及格，始行授予博士學位，別無其他途徑。只有日本帝國大學有例外，遂使我國一九三一年公布的學位授予法第六條比照規定下列三種情形也可以為博士候選人：a.在學術上有特殊著作及發明者。b.曾任公私立大學教授三年以上經教育部審查合格者。c.曾任教授三年以上者。衡諸我國注重人情風氣，此三種例外途徑在學術上難期公允。

3.為肆應實際需要起見，可實施名譽博士學位制度，以解上述顧慮之疑，但仍應從嚴辦理，不使過濫。

4.應進行修法，刪除上述第六條一、二兩款；並依學位授予法第十一條規定，由考試院會同行政院起草「榮譽博士學位授予法」送立法院審議。

此外，他並且在民國三十六年（一九五七年）三月及五月間，先後寫就「我國博士學位授予之研究」及「博士考」兩長文，各有七、八千字，考證詳備，十分具體，在報刊發表，以資釋疑和鼓吹；且提出實體見解，對解決當時所面臨的幾個問題大有幫助。我國頒授博士學位之舉，終於在他單槍匹馬呼籲推動之下，照他的意見完成修法程序，至於有關的法律和規章，諸如「名譽博士學位授予條例」，「博士學位考試施行細則」和「博士學位評定會組織規程」等也都經訂定，所有有關我國自行授予博士學位的機制，全部齊備。先生對協助我國學術獨立自尊的大願，終告實現。

於是，國立政治大學政治研究所就在民國四十五年（一九五六年）開全國風氣之先招考博士學位研究班學生周道濟一名，他的論文題目是「漢唐宰相制度研究」，周生自行恭請王雲五、浦薛鳳、薩孟武三位為指導教授，但以雲五先生實際指導最多。周生於民國四十九年（一九六〇年）冬通過學位考試，成為中華民國第一位本國博士（法學博士）。次年續有國立臺灣師範大學中國文學研究所的羅錦堂獲得我國自授的第二名博士學位（文學博士）。自此以後，各校陸續經教育部核准設置其他學科博士學位研究班，授予其他學科的博士學位。政治大學政治研究所和另外幾個研究所也繼續有博士學位授予，政大政治研究所的博士大多數都是各自恭請雲五先生擔任指導教授。

依雲五先生自述及校方記錄，在他指導下撰寫學位論文而獲得博士或碩士學位的政大政治研究所學生名單及論文題目如下⑭：

甲、碩士學位二十三名（依通過論文時間先後序）：

徐有守　公務職位分類的理論與實務（民國四十五年全校首先通過碩士論文）

周奉和　機關財務管理

程偉益　美國地方政府組織職能及其與中央之關係

簡木桂　政府權力之分配

謝駿業　美國市經理制度之研究

塗元黎　美國副總統之研究
董來燦　美國壓力團體之研究
李齊琮　英國首相之研究
許士軍　國營事業監督之研究
傅宗懋　清代督撫制度之研究
金耀基　中國民本思想之史的發展
胡述兆　美國參院批准條約之研究
劉佑知　美國聯邦文官懲戒制度
方廷楹　機關事務管理效率之研究
杜乃濟　明代內閣制度
王壽南　歷代開國帝王研究
巨煥武　明代宦官禍國之研究
羅致賢　防止貪污芻議
朱增郁　美國國家安全會議之研究
曹伯一　中共政權最高行政機關國務院之研究
曾濟群　就法律案研究我國行政與立法兩院之關係

趙洪慈　中共政權的治藏政策

朱　武　美國胡碘委員會報告之研究

乙、博士學位九名：

周道濟　漢唐宰相制度研究（民國四十九年冬全國第一位通過博士論文）

陳寬強　清代捐納制度

傅宗懋　清代軍機處組織及其職掌之研究

張家洋　我國公務員保險制度研究

王壽南　唐代藩鎮與中央關係之研究

陳水逢　中國文化之東漸與唐朝政教對日本之影響

巨煥武　明代巡按監察御史之研究

繆全吉　明代胥吏

曹伯一　江西蘇維埃之建立及潰敗：一九三一至一九三四。

以上博、碩士共三十二人及其論文共三十二篇。論文大多經分別印行出版，其中許多篇後來都成為各該方面的重要著作甚或唯一著作。碩士中後來多有在國內外其他大學續獲博士學位者，各人後來也大多成為名教授、中央研究院院士、大學校長、某方面權威、大學學院院長、政府政務官、國家圖書館館長等，各皆有成。

民國五十六年（一九六七年），先生八十大慶，他的學生們本已規畫為其祝壽。但其廣東及中山縣同鄉及政學界友好故舊等相結合，為其擴大慶祝。壽堂設在臺北市中山同鄉會內國父百齡堂，到場各方賀客親友故舊門生一千餘人，酒會由先生好友考試院長孫哲生先生主持。壽堂陳列各方所贈祝壽紀念品琳瑯滿目，我發現其中有一個小玻璃框是前任教育部長張其昀所親筆寫贈的四個字：「博士之父」，說明了當年先生致力促成我國博士學位制度建立的事實。他人可能不一定注意及之，或不明其究竟，或看過後轉眼就忘了；而我因為知道這件事經過，所以就一眼也就知道這四個字的懇切意義。所以事後我就在文章裡或口頭常常稱先生為博士之父。從此以後，大家才常常以「博士之父」來稱先生。而天下事常有奇妙之時，到先生老年，竟被韓國成均館大學邀請赴韓，贈予榮譽博士學位。博士之父竟在親身指導和審定一批本國博士學生之後，自己最後才成為外國的榮譽博士。這證明有學問不一定要有博士學位，英美各國以學士而成為名教授並且指導許多博士學生的人比比皆是。

博士這一名詞，我國遠在二千多年前就有使用。班固說：「按六國時往往有博士，掌古通今。」而秦漢以後，歷朝幾乎都有博士官職的設置。例如大家都知道，後來為劉邦制定朝儀的叔孫通，原本還是秦朝的博士。

上文談到雲五先生為了要推動我國設置現代博士學位的授予，於民國五十六年（一九五七年）八月寫了一篇「博士考」的文章，文中詳細考證了博士一詞的意義和我國設置博士官職的歷史；也詳細介紹了各主要國家博士學位授予制度。並且發現，當今我國流行使用作為一種學位稱呼的博士，是日本人從英文 doctore 一詞翻譯過來，而我們抄襲日本的譯名使用至今。所以現在我們所說的博士，已與我們過去歷朝博士一詞作為官稱的意義不同了⑮，更何況在實質上，我國歷朝的博士必定是學術「淵博」之士，與現代博士之重視「專精」某一科者大相異趣。

在先生另文「我國博士學位授予之研討」中，除再度扼要說明我國歷史上博士一詞的意義與源流，以及各國的博士學位授予制度外，並且對我國授予博士學位的體制提出具體觀點和建議。這些觀點和具體建議，後來在他函復莫院長時，也都以官式程序照樣說出來了，而且獲得實現，已見上文，不再重復。

（六）設立財團法人雲五圖書館

先生為貫徹其普及文化和推己及人宏願，百年生命中不斷有具體行動。到了老年，仍自感不足而竟把畢生所積存的有限財產和大量藏書，全數捐出，在臺北市設置一所私人圖書館，免費公開給社會大眾享用。

先生雖然畢生經營文化事業普惠大眾，十分成功；企業也因先生的領導經營成功獲利豐厚，企業的股東也隨同獲利；但他自己卻始終不是商務印書館的老闆。他畢生目的只是在普及文化和促進我國學術進步，因而除了名滿天下之外，個人金錢物質所獲，則不過區區俸薪和少量股票所分得的股息紅利而已，決不似以資本家身份所獲得之豐。換言之，正有如俗話所說，他只是用勞力賺錢的薪俸階級，薪俸再怎麼豐厚，有時一千個勞力者也當不了一個大資本家用錢賺錢所賺那樣多。薪俸階級再如何豐厚也不會發財；何況他所處二十世紀那個還停滯在農業社會階段的中國，絕對還沒有二十世紀末葉至今歐美工商業繁榮國家大企業老闆那樣大的氣魄，對僱用的企業主持人給予高得嚇人的薪俸，動輒年薪美金上億甚或數億。所以雖然勞碌終生，先生老來雖非貧窮，但決非富有。先生也畢生不賭、不抽煙、不看電影、不打球、不打麻將、不好女色、不買賣股票、除了愛酒卻只偶爾一醉之外，也沒有任何享樂之事，除了讀書和工作已使他覺得津津有味外，沒有任何嗜好可以耗費他的金錢，畢生生活簡單，所以仍然有少數積蓄。綜計其財產全部為，臺北市區新生南路平房一棟數十坪，長期持有臺灣二、三家傳統產業公司的股票幾十萬股，少量現金，以及字畫。而先生津津樂道的是，雖經失盡大陸時期幾十年的大量藏書，但來臺後仍然累積藏書數萬冊。先生於是將諸此藏書全部捐出，設置雲五圖書館；另外又捐出全部財產，配合成立「臺北市財團法人雲五圖書館文化基金會」，將基金運作所得，作為圖書館常年維持費用。只有所收藏的一些字畫分贈兒輩，讓他們抽籤各分幾幅聊作紀念。好在他的後代人人自立，在社會各有所成，也十分支持他這一措置。民國六十一年（一九七二年），先生高齡八十有五，於該年三月二十五日預立遺囑交律師保管，次日並在臺北新生報公開發布，遺囑全文如下：

我辛苦一生，少數資產皆陷於大陸，概不置論。來臺逾廿年，薄有積蓄，已捐資產約值壹百伍拾萬元新臺幣及全部藏書約二萬冊，創立財團法人雲五圖書館。我的兒女皆能自立，對於我的遺產皆不存任何希望。我所存全部書畫及精印藝術品，分給諸兒女作為紀念，由淨圃、馥圃（按、為先生兩位誼屬姐妹的夫人）及應文（按、為夫人令弟）主持，以抽籤方式分配之。除上開分配外，所有全部賸餘資產連同身後各項收入，一律捐予財團法人雲五圖書館，由全體董事依該財團法人章程利用或將雲五圖書館擴充為雲五紀念館。新生南路三段十九巷八號房屋於淨圃、馥圃去世後，即歸併於雲五圖書館或紀念館，並接受其所有權。惟保留新建之小樓房一幢，作為旅外兒女回國時暫住，其他各部份則供圖書館或紀念館利用。遺產處理人（即遺囑執行人）即以財團法人雲五圖書館董事會兼任之，董事會董事長由陳寬強君擔任之。預立遺囑人王雲五時在民國六十一年三月廿五日於臺北市⑯。

上述圖書後經清點，實際是四萬多册。先生連同資產捐出後，再經一段時間籌備，並且買下了恰好在先生住所正對門的臺北市新生南路三段十九巷三號四層樓房公寓中的地面一層和地下室一層，每層面積四十多坪，共計八十多坪作為圖書館館址，十分合用。而於一九七四年十月二日，在臺北市最大報紙「中央日報」刊登公告，宣示圖書館對外開放。其全稱為「財團法人臺北市雲五圖書館」，在法律上屬於文化財團。依雲五先生手訂章程規定，圖書館財產不得變賣或轉為私有，如不幸因故解散，其財產應歸政府所有。茲摘錄圖書館對外開放公告的部份內容如下：

自本年十月二日起，除星期日及例假日外，每天下午一時至七時公開借書及供閱覽，不收任何手續費，亦無需保證，各憑良心維持公益，尚祈鑒察。

雲五性喜讀書，當然好聚書，先後聚書七萬餘册，其中線裝書約四萬册，鉛印石印書約三萬册，外文書約七千册。民三十七年退出大陸時，僅移出極小部分，餘皆陷於不可知命運。還臺以來二十餘年仍不斷聚書，迄今又達三、四萬册，中外雜誌不外百種，其中自創刊至今完全無缺者五、六種。蟬聯至二十餘年完全無缺者數十種。現以年老衰病，除將全部圖書雜誌捐獻予社會公開閱覽外，並自捐新臺幣百餘萬元成立財團法人，旋又承商務印書館捐助四十萬元，諸同學合捐十餘萬元。現除自購房屋一幢外，尚有證券及現金共一百五、六十萬元，其利息收入足供維持用人費及日常開支，每年尚有可購新書報之現款若干，加以商務印書館及若干基金會願將陸續出版或收到新書刊各以一部捐贈。本館所藏雜誌多屬學術性，另有各科精選論文專集，多至數百種。現正一一摘取其中學術性論文仿圖書分類編目，以便參考。如承各界贊助，以其自著或出版物見贈，感荷無既⑰。

這一公告，已將圖書館概況勾劃鮮明。連續多日刊出後，臺北市各大小報章，對這一盛舉都有新聞詳加報導與贊揚。而臺灣大學校區恰在隔鄰，立即有研究生及教授前往閱覽及借書。由於雲五圖書館所藏的書多為其他圖書館所無，所以此後多年常有從事研究專題的學者前往借書；又因為完全缺乏輕鬆消遣圖書，所以一般大衆讀者則較其他圖書館為少。圖書館基金會組織有董事會，雲五先生生前即手寫聘書，聘定其門生好友共十餘人組成。有守也忝為董事之一。其董事長數年前已經董事會選舉其哲嗣王學哲先生任之。學哲先生天性孝順，在董事會集體熱忱規畫協助下，其個人更竭盡心力，將雲五先生生前故居新生南路三段十九巷八號房屋拆除，改建成八層高樓，於二〇〇四年春落成，定名為「雲五紀念館」，頗為壯觀，差堪可慰先生遺囑之所期望。落成之日，廣邀雲五先生生前故舊友好門生蒞臨，並請臺北市長馬英九先生剪綵。私人支持而開放於社會之圖書館，有此良好規模者，在臺北市似以此為首善。

（七）未竟之志

先生老來仍具童顏，仿如其偶爾流露仍持有之童心。曾有年輕女新聞記者問他平日看什麼電視節目，他哈哈一笑說，我不看電視，偶爾看看，就看一下兒童節目。這話並非說笑，而是真情流露。

他畢生全心全意要推己及人想盡辦法傳播知識，尤其是熱心於幫助失學的人。這種熱忱，與他的童心相結合後，很自然地使他老來立下一個很特別的願望。他說：

我有兩個願望，各趨極端，一是最低的，又一是最高的。所謂最低的，原是想參與我向未擔任過的最低級教學，也就是小學生與幼稚生的教學。記得幾年前我曾對一些朋友說過，以後我能逍遙林下，而身體頑健，我真願擔任一所設在鄉區的小學校長，而且還附設一所幼稚園。因為我覺得和幼童在一起，其天真的情形與其智慧的發展，均極饒興趣，對他們加以啟發是最愉快不過的事情。所謂最高的便是組織一所高級研究所，特別是關於社會科學方面的。參加研究的人當以獲有博士學位者為準⑱。

小學是有現成的體制，不用費心特別籌劃；研究所則因為他有特別的構想，所以就需要專門設計，以便遂行心目中的目的。為此，他竟親筆擬就一個計劃，全文十六條，長達三千多字，對於研究所目的、研究人員等級、資格、待遇、研究方法、獎金、行政組織、經費、年度預算、接受委託研究專題、基金規劃等各端，都有十分詳細具體的規定。全文且載之於岫廬八十自述尾頁。

當然，天年和健康限制了他，最高和最低的這兩個願望都不及實現。但是，從此可以清晰看出他對世人永不稍減的滿懷熱忱。

①王雲五，岫廬八十自述，頁八八。
②王雲五，四角號碼檢字法，頁三八，商務，民國八十九年，臺一版十六刷，臺北。
③同注①，頁九一。
④同注②，頁四五至四六。
⑤王雲五，創編萬有文庫的動機與經過，見商務印書館與新教育年譜，頁二五〇轉錄。
⑥同注①，頁一一一。
⑦王雲五，商務印書館與新教育年譜，頁一〇九六。
⑧同注①，頁一一一二。

⑨同注②，頁一〇九五。

⑩同注②，頁三六七。

⑪王雲五，最近三十五年之中國教育導言，商務印書館與新教育年譜頁三六三轉載。

⑫同注②，頁三六四。

⑬原函名「為博士學位授予事與莫院長商榷書」，全文二千餘字，載王雲五著，岫廬論教育，商務，頁三〇一至三〇三。

⑭有關先生所指導之碩士與博士學位學生名單，本書作者見有兩種記錄，相互略異。依先生本人在《岫廬八十自述》一書頁一〇九九至一一〇〇所載，博士學位中有「胡述兆：美國參議院官員任命同意權之研究」，而無「巨煥武；明代巡按與監察御史之研究」；而政治大學政治研究所年刊博碩士論文題目一覽表所載，無胡述兆而有巨煥武。且八十自述所載碩士學位學生中，無趙洪慈與朱武二人及其論文；而年刊有此二人及其論文。至於尚有部分論文題目之文字，兩處所載亦略有異。按、現本書上列名單中，除二人為本書作者不甚熟悉者外，餘均為多年好友，知之甚詳。經詳加研究後，認為出現相異記載之原因可能如下：1.先生《八十自述》完成於民國五十六年八十歲時，而先生於民國五十八年秋始辭卸政治大學教職，最後兩年之事在自述中當然未記。2.胡述兆確係恭碃先生指導此一題目論文，但未及完成即先行出國赴美。故並未在政大獲博士學位，而係在美國獲博士學位。3.先生所記料想係憑記憶。4.年刊所載係依據官方記錄抄列，應屬可靠。據上理由及個人確切所知，修正全部名單與論文題目後，開列如此處所載。

⑮王雲五，岫廬論學，頁三〇九至三一八，商務一九七五，增訂三版，臺北。

⑯王壽南，王雲五先生年譜初稿，頁一五五六。

⑰同上，頁一六一一。

⑱同注①，頁一一〇一

十五、偉哉王雲五

依據本書作者切身體會和了解，商務書館之所以成功，除了本書卷首所述時代背景和主持得人兩大基本因素外，特別是在做法上，個人認為還可補述下列四點，而且很值得出版業同仁參考①：

第一、重視人才：商務書館自始重視延攬人才，例如當四位工人創業之初稍遇瓶頸時，就知道引進張元濟這種飽學之士；待後更進一步發現館內主持各人中缺乏對西方新學識有造詣的人才，於是就向外物色，而且標準很高，先後曾經接洽過蔡元培、胡適和王雲五等人。其他方面的人才也無不注意物色，例如陳布雷先生北伐前曾任商務印書館文書科長，因代蔡元培捉刀寫一篇《模範英漢字典》的序文而馳譽學界。後來成為蔣老總統文膽的陶希聖早年也是雲五先生找去商務做他的秘書。他如後來與商務同列為我國當時大出版家的中華書局和開明書局，兩家的創辦人陸費伯鴻（逵）和章錫琛也都是出身於商務印書館。而雲五先生到館後，更有進一步的做法，不是找一、二位人才而已，更是找大批的新人才。尤其是編輯部門，人才濟濟，或在參加商務工作之前或在離開之後，多望重一時，不勝一一舉述。

第二、冒險精神：商務主事諸公具有冒險精神，非常人之所能及。這句話是商務元老之一的高夢旦所說的。他說，十拿九穩的事人人得而為之，有何困難？而成大功立大業，非有冒險精神不為功。商務諸公都具有這種冒險精神，自有其過人之處云。當然，應該是只冒那種值得冒之險，決非膽大妄為盲目荒唐行事。但是，如何辨識是否值得一冒其險，也是常人之所難能。

第三、製造與銷售合一：雲五先生曾對徐有守說：商務的傳統是總編輯兼任總經理。因為一家出版事業機構裡最了解市場情形的人，當然是總經理。而作為造貨者（編書審書）的總編輯，必需真切了解市場的實況，才可以配合製造利於銷售的貨物（新書）。所以總編輯最好兼任總經理。因此，商務自張菊生以來就是如此一人兼任兩職，後來只是因為館務太忙，張菊生無可奈何，才請高夢旦代他做編譯所長（總編輯）。雲老任總經理後也是兼編譯所長，後來也是因為太忙，才只好請何炳松做編譯所長。這種特殊制度，在商務行之非常成功。當然，應該有一個配合條件，就是必須要有這種兼具雙重才能的人來勝任。

第四、決不出壞書：商務印書館自創業百年來的產銷方針，就是走正路，而且開業不幾年後就慢慢走上高級學術路線。至今百年來不僅從不曾印行過一本黃色、灰色、或黑色的書；而且也不曾印行過武俠小說、神怪小說，和無意義的書。正如紐約時報所說，「商務書館不是以賺錢為主要目的。」所以商務的書能夠深受國民信賴。例如蔣總統中正於一九二二年八月四日給蔣經國先生的信也說：「你每星期日有功夫的時候，可到商務印書館去買些英文小說雜誌看看，亦可增長知識②。」

雲五先生個人已經結束了在我們這個空間的壯遊，離開我們而壯遊到另一個空間去了。完全如同他所說的：「壯遊不易得，豈宜虛此行!?」他在這一世界確已不虛此行。「雪泥著鴻爪，人生記里程。豹死既留皮，人死當留名。」他豈止留名而已?更留下了大量寶貴的東西給世人，對世人永有幫助。所以，雲五先生對出版事業作出了偉大貢獻，應可確定；而雲五先生為二十世紀裡一位罕有偉大出版家，也可確定。大概活在二十世紀的中國人，很少有誰能夠不與雲五先生主持下商務印書館出版的書刊接觸。遠在一九四四年間就有人說：「一部中國新文化史，是與商務印書館不可分的；而一部商務印書館發展史，又和王雲五的歷史是不可分的③。」

可能有人要問，他何以能夠如此呢?他又是如何做到的呢?本文主旨既然是在介述這位巨人，所以在結束全文之前，對此似乎應該略事探究。

先生在其他方面的成就與貢獻，尤其是在政治方面或許可以說是更多。但是，無論如何，商務印書館至少提供他第一個廣闊良好的舞臺，使他能夠開始展現他的學識、能力、觀念、氣質和抱負。也有人說，商務成就了他，他也成就了商務云。我認為這話大概只能算是說對了一半，未必完全正確。因為同一時代也還有規模雖然稍次但也有相當程度的其他中外出版事業，為何沒有成就出第二個王雲五呢？可見王雲五之所以成為王雲五，不僅有商務所能成就的那一部份，另外還有非商務所能給予他而純粹屬於他個人的重要部份存在。很多人說他是「怪」傑，也有更多人說他是「奇」人。事實上他言行平實，合情合理，絕對不「怪」，倒是有點「奇」。正確一點說，他是「偉」人。因此，我們在此要試行分析先生人格的構成。

這裡所說的人格，兼指心理學上的人格（personality）和道德上的人格（moral character）。但本文因限於篇幅，不能作有系統的詳細討論，而只能扼要敘述。

就這兩種人格來看，雲五先生都是完美的，我們僅就他在出版事業方面所表現者而言，也可以看出他人格上許多美好特質。

先就他心理人格的構成來看，至少他有下列這些特質：

第一、勤苦：因為他以勤勞為樂，所以他說：「我生平視為最快樂的只有讀書和做工兩件事。」他又常常自喻為耐苦耐勞的牛，主張人要有「文明的頭腦，野蠻的身體。」他終身百年都是每天工作十四、五個小時，引以為樂。他一生勤勞，為了怕時間不夠用，所以很少浪費時間去應酬，而且還自行發明出一種特別辦法來增加工作時間，晚餐過後不久隨即就寢，黎明前三時左右起身。他說，一般人都把晚餐後的四、五個鐘頭浪費在玩耍甚至打麻將上，而他提前就寢，同樣也是休息，但卻把別人浪費無用的時間換取黎明前有用的時間，而且換來的絕對是沒人來打擾和頭腦最清明的最好時間，因而每天比別人多出至少三、四個小時可以好好工作。這有什麼不好呢？舉一反三，其他就不必細說了④。

他不僅是勤，而且刻苦。平生從無任何嗜好享受消遣的事。平常家居只是蔬菜淡飯，而且幾十年來都是每飯只用五分鐘就把半碗飯喫完，隨即回到工作上去。在家決不喝酒，夫人對酒也看守得很嚴。不過先生以好飲出名，而且似乎不畏醉；但是因為不願意浪費時間卻又不喜歡應酬，無論從商或從政期間，都極少宴客。所以只有在偶爾出現的方便場合才喝酒，但是機會來了卻必喝。尤其是晚年，常樂於應政治大學博士碩士學生們的邀聚，每聚必飲。學生當然也耽心他的心臟，所以偶爾也會只準備了溫和清淡的紅酒，殊不知有一次他竟毫不忍耐地微笑抗議說：「紅酒不是酒！」他不諱言他好酒，所以他的詩句說：「偶爾一回醉，終日須神清⑤。」社會上向來就流傳一些有關他偶爾醉酒的故事。事實上，他大概只是每三、二年才會醉一次。所以他這個「偶爾」是很長久的期間後。

晚年在臺他常說：「常言說：多做多錯，少做少錯，不做不錯。我認為應該說：多做少錯，少做不錯，不做才是大錯⑥。」這幾句話，被副總統陳誠在主持行政院院會上借用提出，用以期勉公務員。

第二、獨立：他遇事無成見而必有定見。對一般事情頗能和光同塵，從善如流；但對他認為不正確的事情則決不隨波逐流，且必有獨到見解。遇有問題或困難，除能夠盡量聽取他人意見外，定必自行思考研求方法解決，且每必成功。這就是本文起始處所引錄他的話：「應付困難便是最大的興趣，解決困難也是最優的獎勵。」他在商務所作所為，幾乎無一不表現出他這種獨立精神，讀者試一回憶本書前文所述即可瞭然。事實上，他從政後在政務上更常常表現這種獨立精神。因不在本書範圍內，所以不作引述。

第三、奮鬥：他不向命運低頭，不向現實低頭，不向困難低頭。反之，他專門向環境、惡運和強敵挑戰，而且常常勝利。這就是他雖不在正式場合但在非正式場合時才會流露出的那種心理狀態。他常脫口而出：「反抗！反抗！」以及心懷不平時，他也會脫口而出說些其他直率話的原因。他說他常常「小不忍」，也就是偶爾不免有所衝動時流露這種心態。他確實是畢生奮鬥不懈。無論一二八、七七事變、太平洋戰爭帶給他的毀滅性困難，他都與之搏鬥而終獲勝利，足可證明。

第四、智慧：先生有超人的智慧，這是不用多加解釋而大家都知道的事；否則，以他這樣連小學都沒有畢業和半張文憑都沒有的人，要想有如此多方面的成就，根本就是不可能的事。智慧一詞所指涉的範圍很大，而且是多面向的，一般人大多只有單獨某方面的局部智慧，其他方面卻可能非常笨拙。雲五先生則無論在治學、做事、識人、領導、商業、政治等多方面，都很有智慧。就作為領導者而言，最重要的莫過於識人了。雲五先生最能識別人才，而且氣度很大，更能夠用人。他常常說：「我什麼人都能用。」而事實上確也如此。在他任編譯所長和總經理期間，他引進了大批深負時望的人才，而且這些人才後來無一不成為社會棟樑。來臺灣後，他延攬去商務書館編輯部門任職的人，大多是他親自從博士碩士中挑選出來的臺灣新起人才，而且離開商務後，先後都分別成為中央研究院院士、大學校長、學院院長、政府特任官、政務官、名教授等，各有貢獻；也有些是進館前已是學術上某方面權威⑦。如果說他智慧上畢竟也仍有所偏的話，那就是他在繪畫、唱歌、表演等藝術方面大概比較缺乏興趣。曾有記者問他看什麼電視節目，他說不看電視，只偶爾會看一下兒童節目。臺灣最近三十年來，上自總統，下至販夫走卒，幾乎沒有人不在公衆場合唱歌的；但卻從來沒聽說過更沒看見過王雲五唱歌或繪畫。

至於就做事而言，稍有經驗的人都知道，做事的秘訣莫過於「得要」，也就是要找出要點並且進而抓住要點去致力。雲五先生有一個很大的長處就是做事總能抓住要點。以前臺灣的外交部長葉公超公開說：「雲五先生有一種最大的本事，就是無論多麼複雜的問題，只要一到他手上，他總是能夠弄得非常簡單，而找出處理辦法來」⑧。

第五、好學：他自己說是對求知具有無限度的強烈慾望，又說：「我生平視為最快樂的只有讀書和做工兩件事。」所以他不僅苦讀（正確的用語應該是「樂讀」），而且確實是終身好學不倦。少年做五金店學徒時，常常在夜間偷燃油燈讀書，為老闆所責怪，但老闆畢竟發現先生非凡之處，因而勸先生令尊應把先生送去讀書，不要忽視先生的天份。後來環境允許時，他竟自修把一部大英百科全書從頭到尾讀完。他讀書極快，例如他初次出國考察管理學，在美國國會圖書館以不到兩個月時間讀完館中所有八百多種管理學的藏書，平均每日約讀十四本書。有人懷疑他何以能在短時間內做到，聽來確屬合理的懷疑。晚年曾有學生詢及此事時，他有答案，並且歎息許多人不知讀書方法。他說：「讀書必需要有效利用時間，以便讀更多的書。西文書不光是前有目錄，而且更都後有索引（index），我們用不著把每本書從序論第一頁讀到結論最後一頁，我們只要從目錄和索引上查出我們所要讀的章節款目甚至有關段落在書中何處，只讀與我們研究題目有關的那一章或那幾章，那一節或那幾節，甚至那幾頁就好了。這樣就可以一天讀許多本書，這怎麼不可能呢⑨？」因此他讀書極多。加上一副好頭腦，理路清明，記憶力又特別好，所以他是真正的博學。因而早年就有人說他是一部「有腳的百科全書[10]」。他自己也承認很博，但也似乎自謙無專長：「至於讀書部類之廣，他應可以得好幾個博士學位。他說他到充任總經理時為止，專科已習四、五科，書本已讀二、三萬冊，他自己承認說『曠博而未名一家』[11]。」，似乎多少有點以無專長而引以為憾的謙虛意味，既自豪又自責。其實他的博學範圍所及之中的幾個個別學科，比起若干專精一科被稱為專家的造詣來，決不遜色。例如管理學、政治學、國學、目錄學、英文等。但是，最重要的是，雲五先生這種博學，對一位像商務印書館這麼大規模的出版事業的主持人而言，卻是可遇而不可求的必要通才，再適當不過了。甚至對於他後來從政而言，也都是難得的通才。

第六、務實：他凡事都實事求是，儘管他的知識大多是從書本和深思中得到的，但他決不空談理論。每當面對問題，所提出的解決辦法都切合實際可行，而且事多躬親。他主持商務印書館期間所提出的許多計畫（例如科學管理計畫），都是自行執筆，內容切實。甚至從政後大家都知道的金圓券計畫的全文，也是他獨自親筆寫成[12]。參加政府工作後許多章則辦法，竟也都親自動筆[13]，不假手他人。據他的學生徐有守說，雲五先生每次邀他任職，必定首先一口氣說明職務性質，地位高低，工作時間、工作條件、報酬多少等要項；而且要找別人時也是一樣[14]。又如北伐前在商務印書館曾經做過雲五先生秘書的陶希聖也說：「雲五先生信任我辦理法律事務，他稱我為不掛牌子的律師。他說：『上海的大律師太忙，沒有時間研究，小律師不可倚賴。只有你這個不掛牌子的律師，可以信賴[15]。』」觀念多麼實在。

第七、自信：自信不是盲目誇大，不是迂闊，不是冥頑不靈，不是拘執不化；而是憑廣博的知識和清明的理智，對問題和情勢加以慎重考慮和合理評估後，所作成的決定或採取的行為。並且不輕信，不動搖，不屈服，不放棄，以底於成。自信近乎毅力，但不是毅力，自信是源始基點，毅力是從自信出發後的下游行為。自信的先決條件是：必須自己具有足夠的智慧，進而對問題與情勢具有充份的知識和了解，憑以作成正確的判斷，才能建立自信。自信本質是一種理智的、靜態的基本態度；毅力則是動態的運作，是帶有情緒成份的意志。觀乎雲五先生歷經艱險而仍勇往直前，不屈不撓，終獲成功，非有堅強自信者何克致此？

第八、毅力：剛剛已經析述過自信並略及毅力，但是如果僅有自信而沒有毅力，當然還是不夠的。毅力是成功之母，是一種長期的忍耐；是在認清目標後，堅持到底，不達目的決不放棄的意志。所以哲學家伏爾泰說：「天才不過是忍耐的別名。」拿破侖說：「誰能堅持最後五分鐘，誰就是勝利者。」而雲五先生說：做事「如一遇困難便作消極態度，則任何事都不能有成。我有一種特性，就是對於任何困難決不稍感消極。」

他早年事業途程中最大挑戰之一，應該是初行科學管理的遭遇抗拒。他竟能忍得一時之氣，表面暫時取消那個報酬辦法，實際改為迂迴進行。最大挑戰之二，是一二八之火，燒毀了商務印書館幾十年來所累積建立的根基，而他不僅任勞任怨，忍辱負重，而且竟以維護民族文化為己任，下定決心，誓必恢復這一文化重鎮舊觀。最大挑戰之三，是香港商務印書館的又遭全毀，他竟赤手空拳在重慶重起爐灶，恢復館務，而且一、二年後就積存盈餘現款幾億之多。所以他自稱之為三次苦鬥；後來在臺灣，他重返商務並且又一次復興商務，他稱之為第四次苦鬥。凡此種種，非有過人毅力，豈能致此？他自稱為不倒翁，他說：「日本人的目的是要打倒我，可是我倒了還可以起來，我是不倒翁[16]。」實則豈止日本人，即使是上天安排給他自少小的不利環境，上天也沒能打倒他。

第九、氣魄：這大致可以分別就做事與用人兩方面來講。先就做事來講，雲五先生做事，不僅事事都先以國家文化為念，備見其大其公其高遠；而且每有計畫，多為大動作，都是別人所沒做過甚至也沒想過的。例如他個人治學，竟會讀完一部大英百科全書；在商務任事，編印萬有文庫，致使全國偏遠地區可以僅憑這一部書，就成立了二千所小型圖書館；規畫編一部媲美大英百科全書的中華百科全書；編一部內容豐富超越任何既有的中山大辭典（因日軍侵華和八年抗戰，這兩種書未能完成）；為謀我國學術獨立而創始出版大學叢書；獨力促成我國設置博士學位。但更值得欽敬的是他還事多躬親，腳踏實地，更有凡事從小處著手的務實習慣。

從用人方面來看。用人之重要，無待多言。因事在人為，事之成敗端視有無人才。舉凡做大事和主持大組織，如想成功，更要靠人才，既要好的領導人，更要好的幹部。商務印書館四位創業人雖然出身印刷工人，但自始就別具眼光，有做大事的氣魄，重視延攬人才。而王雲五更重視延攬人才，也很有用人氣魄，知道凡事要找專家，而且不是找一個，是一批又一批的找；不是一次找，而是不斷在找。世間很多人不敢找也不敢用真正人才和一流專家，雲五先生卻常常說：「我什麼人都能用。」他在國內找，也在國外找。第一次出國就在國外找最新的管理學者回國來商務從事我們現在稱之為研究發展工作（R&D），並且成立研究部。二十世紀三十年代後，活躍在我國政學兩界的知名人士，很多出身於商務印書館。若小而就出版業範圍而言，創辦中華書局的陸費伯鴻先生原是商務的教育雜誌主編，創辦開明書局的章錫琛先生原在商務主編婦女雜誌。諸如此類，處處表現出先生重視人才的氣魄。

第十、創新：人類文明的進步，固然有賴不斷發明，但更有賴不斷創新。創新與發明有別，例如世界上第一臺黑白電視機出現時，其性質是從無到有，所以是發明（invention）；但是當彩色電視機出現時，是從有（黑白）到更好的（彩色），則是創新（innovation）。創新不是發明，但價值常常不次於發明，而且可以繼續地對同一事物再創新，也就是「日新又新」，不斷進步。寫一部專供印度人用的《英文初階》的書，如果可以算是一種發明，而當商務印書館四位創業老闆為之加上中文對照和中文解釋後，就是一種創新。文化出版企業的生存發展，固然不斷要有新學說新發明的新書出版，但也要不斷有新編輯方法、新格式、或新版本的出版品。例如世界上第一本袖珍本式樣的版本書出現時，儘管這本書的內容可能仍舊是萬年不變的中文《四書》或西方《聖經》，但因版本的不同，而有助於讀者攜帶便利，這就是創新。上文雲五先生所列舉而稱之為「最有創造性意義」的商務印書館三十種產品，其性質都是出版上的創新，而且其中二十多種都是出自雲五先生的構想。雲五先生有創新的天性，遇事都力求改進（他從事政府工作也是如此）。為了出版事業的應用，他還創新了四角號碼檢字法，中外圖書統一分類法，快速排字法，航空紙型，戰時印書紙，以及許多其他好主意和好方法。他說他自己常常「好發奇想」，實際上就是想到了別人沒有想到的解決問題方法，也就是創新。這似乎是他人格中最重要天賦特質之一⑰。

以上十項是先生心理學上的人格特質。至於道德方面的人格特質也確有可述。而且他的道德對他所獻身的出版事業有直接影響，所以必須擇要舉述。依作者研究所得，至少可以舉述四點如下：

第一、守法：他領導下的商務印書館絕對守法，決不做違背法規的事，決不逃稅，決不做兩本帳簿，從來不侵犯他人著作權，對著作人的版稅決不少付，做假，或隱匿。有些著作人因事多年不領版稅，最後來領一次可領取多年的積存版稅，分文不少。商務印書館秉承這一優良傳統，至今不少改。

第二、信用：我國過去的商人十分重視信譽，許多交易都是一言為定，未必訂立什麼契約，所謂一諾千金，確為事實。商務印書館初創於清末純農業社會之中，仍然保持這一優良傳統。雲五先生參加工作後，已是民國了，但雲五先生本性就十分重視信用。他常常說：「信用是商業的靈魂⑱。」他以後縱然進入政界，仍不止一次當群衆的面拍胸脯說：「我是做買賣出身的，說一句算一句⑲。」大家向來都相信他的話，而且常常由於他居間的一句話，十分重要而又複雜的政治問題竟得立獲解決。

第三、廉潔：雲五先生身任商務印書館如此大規模企業負責人多年，而且商務書館的待遇也還好，應該有所積蓄。當然不錯，他也許可以勉強說是小有積蓄；但說穿了也不過是那種薪俸階級的小積蓄，畢竟有限，實在算不了什麼。以他在商務多年的地位，應該早就持有大量商務的股票了，但事實不然，始終也沒有成為商務的大股東而只是一個小股東。他應該有很多不動產了?竟也沒有，而只不過在上海北四川路有一棟小住宅，後來也賣掉了；來臺灣後，原先還是向政府租一棟日式木造平房居住，多年後才買下來。除此以外，他不再有過不動產。初來臺灣時，還是出賣字畫換來三千美金，加上親家的投資，和後來得到蔣總統的部份輔助，才勉強開辦了一家小小的華國出版社（兩合公司）。謝世後，也沒有留下分文現金給兒孫。在臺灣僅有的那座日式房子也捐出來給「財團法人臺北市雲五圖書館基金會」了，一點點股票也全部捐給圖書館了。圖書館以財團法人形式在政府登記，成為永遠屬於社會大衆所有的社會福利事業。他生命裡每當短期賦閑在家，都是執筆為文賺取稿費用以維生。而每當稿費略多時，就會出現似乎有點得意的口吻。根據長期觀察，他似乎從來也沒有想要讓自己發財，他是那種不熱衷於自謀富裕的人，他永遠是一名好名的書生。但他卻從來不曾抱怨過這種生涯⑳。

第四、道義：雲五先生既非商務印書館原始創業人，也始終不曾成為大股東，自始至終幾十年來，實質上只是一名雇用人員。一二八之火燒毀總館，先生應可趁機辭職他去，以策一己安全。但先生在大我立場上既凜於民族大義，在小我立場上又不肯臨難苟免，在道義上更不忍臨危棄館於不顧，於是一念之下，毅然面對數千職工的威脅與哀哭，挺身而出，負起責任來解決危機。終以數年之功，將書館完全復興，這一民族文化重鎮才得免於崩潰，創業的張菊生等五大股東老闆和上萬位小股東的血汗資本，才得免於化為灰燼。正是文天祥所說的「時窮節乃見」。及至抗戰爆發，先生先則在港，繼又在渝主持全局。尤其香港淪陷後，上無董事會的秉承，手無資金可資運用，印書更無紙型版本可用，左右更無人員助手，赤手空拳，在重慶形同孤軍奮鬥，重新開始。幾年辛苦，竟累積盈餘數億元之多，而於勝利回滬後，悉數出以發放陷區多年未獲分文的股東股利，並振興奄奄一息的上海總館，致使商務的股票飆漲到票面的一百幾十倍。責任既盡，而後才應政府徵調請辭以去。仁至義盡，實在難能可貴。他這種再四表現臨難不苟免的道義精神，確是他人格最崇高可敬之處。

以上是就先生心理學上和道德學上兩方面人格特質的概括析述。不過，在此之外，還要特別提出一種也許不屬於人格方面的特質，也貫穿先生畢生行事，有助於他成功者至大，就是他的科學精神和科學方法（也許可以列為心理人格中智慧的一種）。經過筆者多年研究，認為先生凡事有一種重大的原則，那就是要兼而達成「多、快、好」這三種要求，正是科學管理之目的。他每遇複雜問題，又常常是先把問題解剖成許多小問題，然後對每一個小問題找得解決辦法，而整個複雜的大問題也就隨之獲得解決。他說這種方法就是法國哲學家笛卡爾的分析法之應用㉑。當他介紹科學管理到我國之初，曾經依他自己對科學管理的了解，概括科學管理的要義，成為下面四句話：「有計畫，有標準；少消耗，多效能㉒。」這些都值得細細玩味。

蘇東坡在留侯論一文中說：「古之所謂豪傑之士，必有過人之節。」也正是對先生最適當的描寫。所謂過人之節，上述他在兩方面所具的種種偉大人格，正是過人之節的具體列舉。其大部份都是先天性的；也有部份是後天性的。而他畢生在治學和做事等各方面後天的努力情形十分重要。美國大發明家愛迪生說：「一個人的成功，天資稟賦佔百分之二，百分之九十八靠努力。」

先生在這個世界已經做得太多了，如果說在出版方面還有什麼心願未能完成，可能只有三種書沒有完成，雖然每種都已經發動，且有了相當進度，但是最後卻都因戰事而毀其原稿或喪失大量資料 以致未能竟功，有一種甚至已經付排而仍未成。這三種書是：第一、大中華百科全書。目標在編纂一部媲美或超越大英百科全書的中文百科全書。商務書館為此已經專任大批人員從事搜集資料，進行編纂工作多年。當時學界因先生主編四部叢刊、百科全書、以及萬有文庫三鉅構，所以戲稱先生富有「四百萬」。百科全書資料毀於一二八炮火後，先生無奈，自嘲身價降落百倍，已從「四百萬」降為「四萬」。第二、中山大辭典。先生發願編纂一部超越前古而可媲美甚或超越牛津大辭典的中文大辭典。原本已經獨自進行編纂工作多年。後來事為其時中山文化教育館理事長孫科所知，要求由中山館合作，於是雇用了一批人員，租了房屋設編輯處，進行專職編輯工作。到一二八戰事前，已搜集的資料非常豐富，也因戰禍波及，僅救出部份，由先生攜出，後來在港印成《中山大辭典一字長篇》一部出版。多年後又在臺由商務印書館再版。全書內容所收都只是與「一」這個字有關的辭，計有辭五、四七四條（個），每條約二百字，排印成書四七八面，共約百萬字。其中僅單獨對一個「一」字的解釋，就有一萬一千多字。第三、年譜集成。先生任編譯所長不久就已開始搜集我國歷代人物年譜，集中儲存於東方圖書館，累積已有一千三百多種。經由先生自行完成編纂工作，定名為年譜集成。正要發排時，恰逢一二八戰起，於是被迫擱下，以致一千多種年譜原書付之一炬，多年蒐集之勞，毀於一旦。

先生貢獻國家社會衆多，畢生德業昌隆，聲譽廣播。在臺謝世後，公祭之日，元首閣揆，達官貴人，各黨各派，男女老幼，僧尼凡夫，識與不識，前往祭悼的有二千多人。甚至有素昧平生的人在祭悼時跪地大哭，情狀感人㉓。先生精神長在，將隨中華文化同垂不朽。

半個世紀前，就有人從多角度來評估先生，當然還只概括先生前半生以及限於文化學術出版等方面，但仍不無參考價值。這位先生說：「統而言之，王雲五氏可說是一個不世出的非凡的人，一個事業的天才。在經濟界看，他是第一流的商人；在工業界看，他是科學管理專家；在學者看，他是百科全書；在國故家看，他是小學家；在文化界看，他是保姆；在少年人看，他是工程師、發明家；在教育界看，他是前輩；在另一些老前輩看，他是白髮少年；在參政員諸公看，他是『憲政叔叔』；在國民外交看，他是和平使者；在日本人看，卻是眼中釘，但是個不倒翁；在他自己看，他是一條野牛㉔。」

我常覺得，先生確貌似法國老虎總理克魯蒙梭㉕，出身與畢生行事彷彿美國富蘭克林。我現在也不揣冒昧在此試為做一總結：雲五先生是以其先天的超人智慧和優異氣質為基礎，經由後天環境的冶鍊，以及他本人堅定不移的求知決心和高度興趣，加上他那崇高的人格和無盡的努力，以維護國家尊嚴和促進民族學術文化為目標，畢生鍥而不捨奮鬥，無論從商、從政、從事學術教育文化，所至無不有功，績效輝煌，對國家社會作出重大貢獻，也造就了他自己，成為一代人物。我們永遠記憶他。

王雲五先生精神永在！中華文化長存！

---

①徐有守，壬子軒筆記。
②蔣經國，風雨中的寧靜，頁九七。
③王壽南，王雲五先生年譜初稿，頁四四五。
④同注①。
⑤同注①。
⑥同注①。
⑦同注①。
⑧葉公超，王雲五先生八八壽辰祝壽茶會致詞，載王壽南編楊亮功等著，我所認識的王雲五先生，頁五七。
⑨同注①。
⑩鄭君實，經濟界的文化人王雲五一文所引胡適語，民國三十三年十一月十八日重慶商務日報，經王壽南編，王雲五先生年譜初稿，頁四四八錄載。
⑪同上。

⑫蔣中正先生以國民黨總裁身份於民國三十七年九月六日該黨中央黨部紀念週上致辭：「財政當局事先各種文稿都親自抄繕，不敢假手於部屬，其精勤奉公，更為難得。」所指財政當局，即時任財政部長王雲五先生。見王壽南編《王雲五先生年譜初稿》頁六八〇；又徐有守，王雲五與行政改革，頁一二二載：「行政院經濟動員計畫委員會於民國五十一年三月三十一日舉行第一次全體委員會議，通過雲五先生自行起草之該會辦事細則及十分撙節之概算。」另有其他多位人士也在其他文章中有類同記叙。證明先生確有事多躬親習慣。

⑬董文琦，雲五先生領導經濟動員工作的風範，載王壽南主編楊亮功等四十二人著，我所認識的王雲五先生，臺灣商務，頁二五三。文中稱：「在行政院舉行第一次委員會議，並且提出他親自起草的委員會辦事細則草案、經費預算草案、和會內各單位負責人名單。」又徐有守，王雲五與行政改革，頁一〇〇載：「該會之組織簡則、會議規則、辦事細則、報告及建議案統一格式、文件具名辦法等五種規章，均係雲五先生以其獨具一格之條文體例，自行用毛筆書寫起草，於該會宣布成立前即行備妥。」

⑭徐有守，壬子軒筆記：「雲五先生每次找我做事，必定在第一次就自動一口氣詳細說明職位名稱，工作性質，月俸多少，是否供給宿舍和座車，以及其他待遇如何等等條件。對其他人也是一樣。」

⑮陶希聖，商務印書館編譯所見聞記，載王壽南主編，我所認識的王雲五先生，頁四七。

⑯鄭君實，經濟界的文化人王雲五，民國三十三年十一月八日至二十一日重慶商務日報連載，經王壽南編入《王雲五先生年譜初稿》，頁四五一。

⑰國民大會秘書長陳建中，熱忱維護憲政的社會賢達並為國民大會所敬重的王雲老，文中有言：「最近看他曾著文自稱遇事『常發奇想』，在我看來，所謂奇想，其實也就是『常有新意』，不受一般之見所拘。」陳文載王壽南主編，我所認識的王雲五先生，頁一六八。又，徐有守，壬子軒筆記有言：「雲五先生好發奇想的話，可能他自己很早就間常這麼說。我讀到一些他人記述早年商務，國民參政會，或政治協商會的文章，都偶有叙及雲老說好發奇想的話。到了他晚年，我也親耳聽他這麼說過幾次。事實上他是「常多創見」。有些創見初聽之下，覺得似乎有點生疏（新鮮）；後來卻證明不僅做通了，而且效

果很好，也就覺得本來就是很自然的事情，為何當初會覺得生疏？」

⑱同注①。

⑲民國六十六年七月十七日臺北中央日報：「張群說，王雲五曾自稱為生意人，講求說一是一，說二是二的精神……正是運用了商人的經營方法，作為自己的治學精神，具備了商人的道德觀念，作為他待人治事的精神。」此外，雲五先生例如主持國民大會全體代表大會時，也曾拍胸脯說：「我是做賣買出身的，說一句算一句。」

⑳王雲五，岫廬八十自述，頁六七至六八，叙及先生早年交卸蘇粵贛三省禁煙特派員職務時，有一筆近百萬銀元的報效金（英人所提供的佣金性質），依例完全歸雲五先生私有，且無人知曉。但先生不為此，竟破前例悉數繳歸國庫。至於其他廉潔自持以及生活簡樸的記述，歷年多有。不贅錄。

㉑同注①。

㉒王雲五，科學管理法的作用與目的（講詞），民國十九年在上海復旦大學講，經王壽南在所編《王雲五先生年譜初稿》頁二二一至二三四全文轉錄。

㉓同注①。

㉔王雲五，我的生活，載民國二十九年四月十二日為〈讀者通訊〉雜誌寫。經編入王學哲編，《王雲五對青年談求學與生活》一書，頁〇〇一至〇〇四。該文首句和尾句都自喻為一條牛，全文則都在闡明牛的喫苦耐勞和服務人類的精神。此前此後，先生在諸多其他文詞中也常以牛自喻，例如鄭君實寫〈經濟界的文化人王雲五〉一文，載民國三十三年十一月十八日重慶商務日報，經王壽南編入《王雲五先生年譜初稿》，頁四五七。這一段話是引錄鄭文。

㉕我早年就覺得雲五先生貌似克魯蒙梭，那是因為我看過克氏照片。後來讀到馬勺蒼先生於六十八年九月九日臺北中央日報寫的大文〈中國的克里蒙梭〉，談到民國四十六年雲五先生代表我國出席聯合國大會時，聯合國秘書長哈瑪紹寫紙條詢問在座之我代表團職員馬勺蒼先生：「你們那位代表先生，看上去貌似克魯蒙梭者是何人？」足證所見相同。

十六、出版家王雲五先生重要行事年表

有守附記：此一年表所載，以雲五先生從事出版事業有關活動為主要內容，但因出版業涉及治學，故於其有關教學活動亦予摘記，至於從政及其他活動，則擇要酌予選記。表中所敘，完全依據先生自述資料。但對年齡之核算，為免混淆起見，不依西方習慣之足歲計算，而均依我國民俗，以出生年至同年除夕期間，均稱一歲，次年元旦起全年內均稱二歲，以次各年類推。

民前廿四年　一八八八年，清光緒十四年，戊子年，生肖屬鼠，一歲（在上海）。夏曆六月初一出生於上海商人小康家庭。有兄三人，姐三人，先生最幼，小名**日祥**。後於二十四歲結婚時始依族譜流派制度，命名**鴻楨**。但於十四歲時，私塾中李師叔依文句「日下現五色祥雲之瑞」，為取**雲五**為別名。先生於三十三歲赴中國新公學任教時，又自行以**之瑞**二字為名。中年後間常以**出岫**或**岫廬**為筆名。赴臺後亦間以**龍倦飛**或**龍一江**為筆名從事譯著。但自參加商務印書館工作後，即以王雲五名行世，而岫廬已成其字。

世居廣東省香山縣四字都沙泮村，務農，距縣治四十七華里。

民前十六年　一八九六年，光緒二十二年，九歲（在上海）。由林熾勳先生主持為先生舉行**啓蒙**儀式，但未入私塾，僅隨大哥讀四書約兩年。

民前十三年　一八九九年，光緒二十五年，十二歲（在上海）。進入私塾從蕭姓師**讀書約一年幾個月**，蕭師不認為先生將來讀書有成。

民前十年　一九〇二年，光緒二十八年，十五歲（在上海）。從私塾李老師讀東萊博議、史記菁華錄等書，並習書法與做對聯。參加做對聯競賽獲冠。

民前九年　一九〇三年，光緒二十九年，十六歲（在上海）。奉父命棄學入五金店為學徒，因痴迷書卷，且常夜起燃油燈讀書不為老闆所喜。並在一英文夜校（類如現今之英文補習班）**讀英文七個月**，校長亦即老師為吳先生。

民前八年　一九〇四年，光緒三十年，十七歲（在上海）。春初，入虹口美國教會所辦及美國教師執教之守真書館讀英文，並有世界史地與數學課程。學生按程度區分為八級，一級最高。經常舉行測驗，成績優異經測驗合格者，隨時即可升級。先生初讀六級，但本年八個月內，竟因成績優異而屢升至三級，並決定可即升二級。**先生自稱，本年內約一個半學期，除去暑假二個月外，實際上課約八個月，爲其讀書之黃金時代。**

民前七年

一九〇五年，光緒三十一年，十八歲（在上海）。春初寒假期中，奉父命輟學協助父親辦理父所任洋行買辦之英文文書工作。七月，復獲父允，在一英文夜校覓得**英文助教職務**，月俸二、三十銀元。並自付學費，**就讀英人資深老教師** Mr.Charles Budd **（布茂林）所辦上海同文館**。課程除英文外，並有歷史、地理、普通科學、經濟學、論理學等。布先生發現先生成績優異，遂聘為同文館教生（即半工半讀之助教），免其學費以為報酬。此為先生任教之始。而布先生所藏英文學術名著不下千冊，先生因得借讀；且以薪俸自行廣購圖書，開始對學術發生濃厚興趣。並開始讀我國歷史。

先生業餘並任上海南方日報特約撰述，為該報譯寫世界珍聞，每隔日刊登千字一篇，月酬六十銀元。始以出岫或岫廬為筆名。

十月間，辭同文館教生職，改任「益智書室」英文專修學校唯一聘任教師，月俸最低二百銀元。經先生採取若干改革措施後，學生人數突為之大增。業餘，先生並與有志友人組織「振群學社」，每週聚首二、三晚，舉行學術或時事討論會，先生任社長。振群學社附設有夜校，對外招收學生。

民前五年 一九〇七年，光緒三十三年，二十歲（在上海）。九月，辭益智書室職，轉任中國新公學專任教師，教英文文法，月俸二百四十銀元。深受學生歡迎。

民前四年 一九〇八年，光緒三十四年冬，二十一歲（在上海）。因新中國公學與中國公學合併，轉入合併後之中國公學任教，甚受學生胡適之與朱經農等歡迎與尊敬。暑假期間，江寧提學使李瑞清來訪，面請為其兼任校長新辦之留美預備學堂教務長，萬鴻圖等其時亦為在校學生。自此，先生**身兼中國公學及留美預備學堂二職**。

民前一年 一九一一年，宣統三年，二十四歲（在上海）。十二月三十一日在上海香山縣（現中山縣）同鄉會歡迎國父中山先生晚宴上，代表全體同鄉父老向國父致歡迎辭。席間，**國父面邀前往總統府協助**。

民國元年　一九一二年，二十五歲（在南京、北平）。元月中旬，踐約赴南京**任職中華民國臨時大總統府秘書**，是為初入仕途，辦理　國父接見一切訪客等有關事宜，並授權先行與訪客洽談，代為決定應否由國父親自接見或介請前往有關部門洽談，並將處理情形每日面報一次。

元月尾，接教育總長蔡元培親筆函，邀前往相助。經面報　國父，准以每日下半天前往教部，上午仍留總統府工作。

三月，　國父下野，政府北遷，先生隨教部蔡總長赴北平，初任教部專門教育司第一科科長（在北平）。

四月，兼任北平民主日報撰述，每隔日撰寫社論一篇。

九月，參加國民為黨員；兼任國民大學英文教授。

民國二年　一九一三年，二十六歲（在北平）。三月任教育部科長兼主任秘書。旋以暫代次長名義代表教育部列席眾議院報告，十分成功。

民國五年　一九一六年，二十九歲（在上海）。七月，赴滬轉任蘇粵贛三省禁煙特派員。發現一種假公自肥之隱匿佣金約五、六十萬銀元，本可援陋規自享而無人知，但先生悉舉以歸公。

民國六年　一九一七年，三十歲（在上海。）秋，交卸三省禁煙特派員職，閉門讀書。

民國七年　一九一八年，三十一歲（在上海）。閉門讀書。

民國八年　一九一九年，三十二歲（在上海）。應公民書局邀，任局外特約編輯，規劃譯印公民叢書一套三十四種，皆西方學術名著。

民國十年　一九二一年，三十四歲（在上海）。因學生胡適之推薦及館方力邀，中秋節日初入商務印書館任編譯所所長（即總編輯職），領導三百多位知名學人組成之編譯所，並隨即進行本所之改革。

民國十三年　一九二四年，三十七歲（在上海）。商務印書館附設東方圖書館成立，先生兼任館長，對社會開放免費供大衆閱覽。

民國十六年　一九二七年，四十歲（在上海）。四月，完成獨創之「中外圖書統一分類法」，並立即適用於東方圖書館六十餘萬册藏書，十分便利。

民國十七年　一九二八年，四十一歲（在上海）。九月宣布經三年十個月之苦心研究，終於發明「四角號碼檢字法」。自此風行中外。

民國十八年　一九二九年，四十二歲，（在上海）。名聞全國之「萬有文庫」（一集）二千册，經先生數年規劃與籌備，及民國十七年一月開始整編，而於今年開始公開發售預約，並開始分批出書。結果銷出八千部，各方盛為稱道。

九月，辭卸商務印書館編譯所長職。十月，應新成立之中央研究院院長蔡元培聘，任該院社會科學研究所研究員。自行選定之第一個研究專題為「犯罪問題」。

民國十九年

一九三〇年，四十三歲（在上海）。商務印書館總經理鮑咸昌去世，（書館）公司董事及主持大計諸公一致主張力邀先生返館接任總經理。幾經多人勸駕，並完全同意先生所提二條件，終於本年三月初返館接任總經理，並自兼編譯所長。接事後，並未到館實際執行職務，數日後即於三月七日依先行約定，獨身出國考察科學管理。為時六個月又二日，歷經九國，參觀公司工廠四十餘家，諮詢專家五十餘人，通信接洽三十餘處，訪問團體與研究所二十處，加入研究所三所，列席研究會議四次，在圖書館研究十餘日，閱書三、四百册，搜羅刊物千餘種，草成筆記約四十萬言。九月九日返抵國門。

九月十一日，到館實際視事。當日並向董事會提出親自撰就之「採行科學管理計畫」，全文約二萬二千字，分十二部說明，十分具體詳明。經董事會照計畫通過。

民國二十年　一九三一年，四十四歲（在上海）。元月，宣布在商務印書館開始實施科學管理計畫，具體措施為先於元月十日發布「編譯所編譯工作報酬標準試行章程」，竟遭該所職員群起反對，繼之其他三所也起而反對。先生於是撤回原計畫，但改弦更張，另從財務管理、產品及物料標準化、加強生產配合、提高設備利用率等不涉及人員與報酬等方面先行入手施行。

民國廿一年　一九三二年，四十五歲（在上海）。一月二十八日，日軍忽發動滬戰，猛烈轟炸及炮擊我上海閘北，且以商務印書館為主要目標，大火數日燒毀該館館房及東方圖書館，所有圖書財物悉付之一炬，損失奇重，成為我國文化學術上一大浩劫，並使該館陷於崩潰邊緣。是為「一二八事件」。

先生內心充滿戰鬥意志，於炮火照耀之夜，下定決心復興館業。經策定計畫後堅決執行，總館終於半年後之本年八月一日重行運作營業，恢復出書，並加強實施科學管理有關措施。

十月，聘全國一流學者五十五人為委員，組成「商務印書館大學叢書委員會」，開始編印大學叢書，是為我國自編大學教科書之始。

民國廿三年　一九三四年，四十七歲（在上海）。編印萬有文庫二集二千冊發行，仍深受歡迎，銷約六千部。全國各地以購備此文庫而新成立之小型圖書館二千餘所。

民國廿五年　一九三六年，四十九歲（在上海）。編印萬有文庫簡編發行，係就萬有文庫一、二兩集四千冊中精選一千二百冊而成，以資普及。

民國廿六年　一九三七年，五十歲（在上海）。七月七日，日軍攻我北平蘆溝橋，是為「七七事變」。蔣委員長邀請全國各界領袖聚會廬山舉行談話會，發表談話，宣布長期抗戰方針。先生亦奉邀參加。下山返滬後，配合政府政策，立即對書館作長期規畫布署，分別疏散至上海租界，大後方，及香港；先後復在重慶、昆明、桂林、西安、長沙、贛州等地籌設新印製廠。

八月十三日，日軍續攻我上海，發動侵華全面戰爭。是為「八一三事件」。

十二月，決定將商務書館總管理處移置長沙，但在上海與香港兩地分設總管理處駐滬駐港辦事處。

民國廿七年　一九三八年，五十一歲（在香港）。先生開始長駐香港，運用總管理處駐港辦事處機制，指揮大後方各地分館，原在上海總管理處及編譯所主要人員均隨同遷港。

民國三十年

中央遴選先生為國民參政會參政員。

一九四一年，五十四歲（在香港、重慶）。先生在重慶出席國民參政會議方畢，尚未返港。十二月八日，太平洋戰爭突發，以致已成為商務印書館抗戰前期實際總管理處在香港之財產，全數損失，為數不貲。當即決定，改在重慶另設總管理處。自此以至抗戰勝利之日，先生均長駐重慶。並增加重慶印刷廠設備，以作為主要印製廠。當香港陷日軍之日，先生家屬亦陷港，消息不明，所幸數日後得間道逃出，平安到渝。

蔣委員長聞我此一民族文化出版重鎮在港財產盡失，極表關切，先後派陳布雷與王世杰二大員慰問先生，並主動提議對商務書館現款支援或由銀行貸款，以支持其繼續供應大後方文化食糧之任務。先生當即表示婉謝現款支援，但同意必要時依規定付利息貸款。後先生復提議變更貸款方式為暫先開一透支户備用，必要時始行透支；復由孔祥熙主張，可由王雲五先生以個人名義擔保負責，保證總經理王雲五代表商務印書館辦理此項透支。但結果因商務書館雖在拮据中卻運轉得當，當時及以後多午迄未出現有透支之必要，故實際並未透支分文。惟此一透支户仍有精神支援價值，使先生有恃無恐，無後顧之憂，得以放手開拓。

民國卅二年

一九四三年，五十六歲（在重慶）。經先生年餘之規劃奮鬥，形同白手起家，館務不僅迅速恢復營運，並向社會宣示恢復多年來每日出版新書一種（每日一書）之傳統，且獲利豐厚，堪稱奇蹟。先生自稱自此以至抗戰勝利止此一期間為商務書館小康時期。

我政府以國民參政員四人及立法委員一人共五人組成「中華民國訪英團」赴英報聘英國國會議員前此之訪華，先生以參議員身份為團員之一。全團於十一月十八日自重慶出發，途經數地，十二月三日抵英，隨即展開訪問及旁聽英國國會上、下兩議院院會議事之進行及詢答實況，並接受兩院議長午餐及下午茶會歡迎。另並覲見英王與王后、分別會晤首相邱吉爾及副首相艾德禮、外長艾登、內政及公安部長莫里遜、新建設部長烏爾頓勳爵、生產部長李特登、教育部長布特拉、代理外交部務羅氏等。並先後訪問參觀及出席英國國會中英委員會、華僑各團體歡迎會、倫敦市長、伯明罕大學、不列顛協會伯明罕分會、布列斯托市政府、加文特里機器廠、卡布力朱古力公司、利物普船塢、曼切斯特導報、聯合援華會、教會及教育團體聯合歡迎會、中國運動委員會、英美煙草公司、倫敦泰晤士報、中國會、轟炸司令部、不列顛協會、中國協會、格林維治海軍大學、不列顛北部機關車公司、愛丁堡市政府、英國出版業公會、蘇格蘭及其他衆多處所。先生個人並與胡政之、温源寧兩人於聖誕節應邀赴劍橋大學英王學院院長施伯特家作客，並參觀大學及園區內其他學院，滯留劍橋前後三日。

以上訪問邱吉爾、英國國會、愛丁堡市府及布列斯托市府等多處，均由先生以流暢英語即席代表致答辭。

民國卅三年

一九四四年，五十七歲（在重慶）。一月二十八日，結束在英訪問，歸途並往訪土耳其、伊朗、伊拉克等國，於三月十九日返抵重慶，自出發至今，前後歷時四個月又一天。先生著有「訪英日記」及「戰時英國」兩書出版，記述甚詳。

民國卅四年

一九四五年，五十八歲（在重慶）。八月十日，日本宣布無條件投降，我抗戰勝利，舉國復員。先生立即先後以函電商洽留上海之董事長張菊生先生，表示將為公司復員事宜努力，一待任務完成，當迅即辭卸商務所有職務。經董事會決議，授權先生全權主持公司全盤復員再造事宜，並堅請勿辭。先生提出，願以渝館歷年盈餘款供墊借股東股息。總計此一期間，渝館支付公司復員費用法幣達四、五億元之多。其時法幣尚未貶值，此一款額為數龐大可觀。

先生本人因必須參加政治協商會議有關事宜，事關國運，不便輕易離開重慶，故暫未返滬。

民國卅五年

一九四六年，五十九歲（在重慶、上海、南京）。五月上旬，先生返抵上海。蔣主席邀先生長談，重提重慶時舊議，堅邀先生出任經濟部長。先生未便再卻，將館務稍事安排後，乃堅請辭卸一切館中名義。至此，公司未便強阻，但股東會仍選先生為董事。

五月，就任經濟部長。

民國卅六年

一九四七年，六十歲（在南京）。三月，行政院宋子文院長辭職。四月十八日，張群接任。政府任命先生為國民政府委員兼行政院副院長。

民國卅七年

一九四八年，六十一歲（在南京、廣州）。國民大會依憲法規定選出第一任總統副總統，行政院改組。翁文灝接任行政院長。六月五日，先生改任財政部長。接任後，上海有一報紙，每日著文猛烈攻訐先生，並有部分人士亦力加攻訐，先生一概置之不理。七月七日先生提出毛筆親書

「改革幣制平抑物價平衡國內及國際收支之聯合方案」，全文三十二條約三千字，此即俗所謂金圓券方案。經總統密交俞鴻鈞及專家嚴家淦、劉攻芸、徐柏園等會同先生共六人詳研後，提出修正案，仍維持三十二條，但進一步增列具體規定甚多，而擴充至約一萬三千字。並由先生補行擬具五種有關令文及辦法。七月二十九日，由先生及翁文灝、王世杰、徐柏園、俞鴻鈞、嚴家淦等六人持同有關各案赴莫干山晉謁蔣總統請示。八月十九日，行政院會議通過先生所提出有關之「財政經濟緊急處分令」、「金圓券發行辦法」（十七條）、「人民所有金銀外幣處理辦法」（十五條）、「中華民國人民存放國外外匯資產登記管理辦法」（十五條）、「整理財政及加強管制經濟辦法」（三十三條）等共五種文件，當日即以總統緊急命令發布施行。九月二十二日，先生赴美出席國際貨幣基金會與國際銀行第三屆聯合大會，並任大會主席。十月十日，先生返國，發現軍事情勢逆轉，而原預定有關金圓券改革之種種措施均未實行，行政院官員亦未認真執行政策，以致金圓券情勢惡化，物價波動，民眾搶購物資，金圓券貶值。雖經先生提出多項具體挽救辦法，但竟均不獲行政院支持。

先生於十月二十九日提出辭職，十一月十日獲准。

十一月二十六日，先生攜眷離京赴穗從事著作。

十二月二十四日，商務印書館董事會主席張菊生致函先生，告知商務印書館不再選先生為董事。

金圓券之失敗，情形複雜。但先生除於老年始略略說明經過及析述原因外，畢生未公開提出任何有關是非之剖白與辯護。

民國卅八年

一九四九年，六十二歲（在香港）。先生接受英國劍橋大學邀前往講學，出發前自港赴臺晤家人。事為時已下野之蔣總統所知，邀赴陽明山，兩人長談三小時並午餐，別無他人在座。蔣氏希望先生赴英從早歸來，俾便諮詢；如有意從事出版業，並願資助。不多日，忽傳出英國將與中共建交，先生考慮至再，認為赴英已不無顧慮。於是轉而籌畫在臺港兩地創辦出版社，經商得親戚投資，又自售字畫得美金三千元，於八月在臺北市和平東路一段一八〇巷六號日式木屋中設「華國出版社兩合公司」，並另在香港設「香港書局」以資相互配合營運，先生實際在港主持。並承蔣公撥款相助。

民國卅九年

一九五〇年，六十三歲（在香港）。先生除經營出版社外，並從事寫作賣文為生。十二月下旬某日，在港寓大門外遭人槍擊行刺，幸未中。遂決計移居臺灣。

民國四十年

一九五一年，六十四歲（在臺北）。一月三日飛臺，定居於臺北市新生南路三段十九巷八號，以後迄未遷移。

先生除經營華國出版社外，經常在「自由人」三日刊、「民力月刊」及「自由中國」等報刊為文。並任行政院設計委員會委員兼該會政制小組召集人。年底結算，華國出版社（及香港書局）業務欠佳。

民國四三年

一九五四年，六十七歲（在臺北）。第一屆國民大會第二次會議在臺北舉行，先生當選為主席團主席之一。本次應改選總統、副總統。執政之國民黨經推定蔣中正及陳誠分別為總統及副總統候選人；但仍希望有人與之競爭，以彰民主。經指派大員勸請無黨無派社會賢達人士莫德惠及先生二人，分別為總統副總統候選人。先生雖絕無此意，但固辭不獲，為成人之美起見而只好姑允，遂經國大代表一一八人連署推荐確定競選。後因另有民社黨推出正、副總統競選人，是則已有人出而競爭，足可顯示民主競爭精神，已無必要再由先生等二人參與競選，且先生更不欲因而增加選舉過程中程序之紛擾，遂商得莫德惠同意，請國民黨履行事先約定，同意二人退出競選。結果，於三月選出蔣中正及陳誠二人為總統、副總統。

八月十九日，政府特任先生為考試院副院長。九月一日到職。

國立政治大學本年在臺北復校，聘先生為政治研究所兼任教授，在碩士班授「現代公務管理」課程。是為先生來臺後授課之始。

民國四四年

一九五五年，六十八歲（在臺北）。先生為「孫立人案調查委員會」委員。

調查委員會於十月八日提出調查報告書。調查報告書結論有言：「惟念孫立人將軍為總統多年培植之人才，且曾為抗戰建功。孫立人將軍在八月三日上總統簽呈中，曾瀝陳愧悔自責之情，在九月十九日答復本委員會詢問時，亦痛切自陳錯誤，一再聲述願負全責，且已引咎辭去總統府參軍長職務，並奉政府令准免職。本委員會謹建議總統於執行法紀之中，寓寬愛之意。」經呈奉總統裁示：准孫立人自新，毋庸議處。

前奉蔣總統聘先生為革命實踐研究院研究委員會科學管理專題研究組召集人，現經研究完成，並於七月中旬提出研究報告呈復蔣總統。

民國四六年

一九五七年，七十歲（在臺北）。先生奉派為我國出席聯合國大會代表團代表。蔣總統於九月上旬召見，面囑乘便調查研究美國胡佛委員會之建議與成效。九月十一日赴美。

民國四七年

一九五八年，七十一歲（在臺北）。先生留美約四個月後於本年元月返臺，呈報所撰胡佛建議案研究報告。同月二十日，蔣總統召見，面談出席聯大情形及胡佛報告有關事項。二月，先生召嚴家淦、黃季陸、雷法章、周宏濤四人來寓所舉行胡佛報告研究小組首次會議。

二月十日，蔣總統請先生於總統府國父紀念月會上報告研究胡佛建議案執行情形後，即席指示成立我國行政改革機構，由先生主持進行。隨於三月十日成立「總統府臨時行政改革委員會」，假行政院辦公大樓二樓房屋辦公。總統聘先生為委員會主任委員，及謝冠生（司法院長）、嚴家淦（行政院政務委員兼美援運用委員會主任委員）、黃季陸（行政院政務委員）、周至柔（臺省府主席）、雷法章（銓敘部長）、馬紀壯（國防部副部長）、周宏濤（中國國民黨副秘書長）、阮毅成（農工企業公司董事長）等八人為委員，浦薛鳳、祝紹周、關吉玉、李壽雍、楊亮功、張峻、楊繼曾、董文琦、黃正銘、徐道鄰、翁之鏞、尹仲容、凌鴻勛、龐松舟、張茲闓、唐君鉑、王撫洲、湯元吉、劉真、俞國華、施奎齡、金世鼎、劉愷鐘、蘇在山、張宗良、黃雪邨、江杓、鄧文儀、馬潤庠、李景潞、管歐、高崑峰、劉季洪等三十四人為顧問。委員會工作足六個月，於九月九日結束，提出行政改革建議案八十八案。均奉總統逐案親自核批交辦。各案內容所涉廣泛，有助於臺灣政治與社會繁榮發展者至為重大深遠。

七月，先生奉調行政院副院長，以利督導行政改革案之順利實施。

民國五二年

一九六三年，七十歲（在臺北）。十二月，行政院院長陳誠辭職，政院改組。先生原已先此三度提出書面辭函，至此始得如願，就此掛冠，並謝別政壇。經總統聘為資政。以副院長離職而聘為資政者，以此為始。

民國五三年

一九六四年，七十一歲（在臺北）。先生當選為臺灣商務印書館第一任董事長，七月一日到職。每日到館辦公半日（事實上，下午在家亦經常為書館從事編輯工作），盡己所有投入智慧、經驗與經營能力；但未帶來分文資金。個人亦不以任何名目支取分文薪俸、津貼或報酬；但以恢復商務業績及聲譽為己任。

民國五四年

一九六五年，七十二歲（在臺北）。改組商務人事，原經理趙叔誠辭職，新聘徐有守接充，負責館務（不設總經理）。先生躬親主持編印萬有文庫薈要，十分成功，並展開大量印行出版物計畫。自此以後數年，每年均有一、二部俗稱大部頭叢書重加整理印行，連續數十種之多，無不銷售暢旺，且聲譽雀起，深為讀者所喜愛。公司自此轉虧為盈，且逐年盈餘累增，終先生在臺館任內十六年未改。對臺灣文化教育之貢獻匪淺。

先生任內所新編或整理重印之主要叢書，茲錄述於下：萬有文庫薈要、四部叢刊初編、續編、重修嘉慶一統志、幼童文庫、百衲本二十四史、叢書集成簡編、漢譯世界名著、各科研究小叢書、人人文庫、小學生文庫、佩文韻府、四庫珍本、中國文化史叢書、國學基本叢書、古書今譯今註、資治通鑑今註、雲五社會科字大辭典、中山自然科學大辭典、影印全套東方雜誌、影印全套教育雜誌、增修辭源、至於新編及印行之各種學術性書籍，更是為數繁多。先生並規劃重印四庫全書，未及於己身完成，但規畫已具，後由商務印書館同仁繼續執行，亦終告完成。在經營方面，先生於初返商務時所作諾言，亦均獲實現：公司資本額亦早已以歷年盈餘轉增資而成為資本總額伍千萬元，股東股息豐厚且年有增加，同仁俸薪與紅利均大有增加。

民國六八年

一九七九年，九十二歲（在臺北）。先生自六十一年起心臟病轉劇，身體驟弱，迄不復原。本年二月二十八日撰「久病抒懷十韻」，憶述平生如下，不意竟成最後遺詩：

長生九十二，馬齒冠四傳；膚體毫無損，久病久延年。
生憎風水說，四仿厚得天；四代同堂在，孫曾未及玄。
從游多俊彥，高官教授賢；幼小苦貧弱，未冠著先鞭。
一生多挫折，苦鬥半根煎；四次生命危，天佑獲安全。
俯仰無何愧，死生度外捐；遺產為社會，薄葬腐朽先。

八月四日，先生肺炎咳嗽發高燒，赴臺北榮民總醫院急診，診斷為肺炎留院住入病房。在院十日，醫為注射點滴，精神猶甚好。而來探病友好門生每日絡繹不斷，先生笑談如常。八月十二日，已褪燒，咳嗽亦止。十四日晨四時許，自雇之特別護士為擦拭身體，擦拭畢，忽感心臟不適。召醫診斷為冠狀動脈梗塞，六時三十分逝世。

九月十三日，總統明令褒揚先生。十四日，在臺北市立第一殯儀館景行廳舉行祭奠。蔣總統經國頒「耆勳亮節」輓額，並於八時五十分親至靈堂獻花行鞠躬禮。嚴前總統家淦，謝副總統東閔，及在臺政界耆老，宿彥權貴，學界清流，民意代表，各黨各派領袖，僧道賢良，門生故舊，以至凡夫俗子，識與不識，二千餘人湧往祭悼。

十一時發引臺北縣樹林鎮郊山佳淨律寺佛教墓園安葬。畢生勤勞奮鬥，為普及教育與促進民族文化而不懈的一代哲人，從此壯遊他去，為世人留下豐富功德。

附錄一　王董事長對臺灣商務印書館全體同仁專題講辭

全文（民國五十九年五月）

本館成立至今，業已經過七十餘年，其間可分為三個時期，一是前期，即自民國前十五年本館創設之時，以迄民國十年我加入本館，其間約二十五年；二是後期，係自民國十一年我開始主持本館編譯所，以迄民國卅五年，我參加政府，脫離本館，其間二十五年，連同民國五十三年秋，我在脫離政府後重主本館以迄今日，此六年與前二十五年合計三十一年。又從三十五年夏我脫離本館以迄五十三年秋我重返本館，其間的十八年，可稱為中間時期。這三個時期所以如此劃分，係針對創造性的出版物而言。我認為一個出版家能夠推進與否，視其有無創造性的出版物。經我詳細估計一下，前期的創造性出版物，計有七種，除其中一種，為四位發起人的功績外，其他六種皆由張菊生先生所主持，後期的創造性出版物，約有二十三種，皆由我所主持。兩者合計，恰為三十種。至於中間時期，除最初兩年由朱經農先生主持，就我在重慶編印的中學文庫，擴充為新中學文庫，似尚非創作性外，餘十六年，則在混亂與淪陷時期，並無任何出版物堪稱創造性。

今天我想將本館創造性出版物逐一為各同仁談談。所謂創造性即是以前所沒有的。本館今年（民國五十九年）已經存在七十四年了，民國五十五年本館七十周年紀念時，我曾寫了一篇七十年與二十七年的紀念性文字，把我二十七年與本館的關係作扼要的說明，此文在出版月刊發表，現在本館七十四歲了，我與本館的關係也由二十七年增至三十一年，本館先後的出版物不下萬種，而堪稱創造性者，祇有三十種，因而夠得上創造性出版物之名稱，可不容易，就無量數的出版家來說，我覺得祇有開明書店的二十五史，和傳記文學社的各種傳記叢刊，才算得是創造性的，其他恕我不便妄談了。

本館的創造性出版物分為前後及中間共三期，前期的二十五年共有七種，中期可說一種也沒有，後期共三十一年約得二十三種。

本館第一種的創造性出版物現在看起來算不得什麼，但七十多年前，確屬創造性，那就是華英初階與華英進階的一套讀本，其原書是英國為印度人所編的，沒有中文解釋，本館的發起人鮑先生、夏先生和高先生等（鮑先生兄弟二人，名咸恩及咸昌，夏先生名瑞芳，高先生名鳳池，皆服務於專印教會圖書的美華書館。兩位鮑先生都是技工，夏先生是營業員，高先生是買辦），動了一個新的念頭，託一位謝牧師翻成中文，以中英對照印刷成書，名為華英初階和進階，一共有五六冊，他們初時所集資本是四千元，據說初階第一版二千本幾天內便賣光了，於是繼續譯印華英進階四五冊，也都賺錢。但是好景不常，畢竟由於幾位不是讀書人，以後印行的圖書，遭遇失敗，而陷於困境。

當時的出版家，其一為廣學會，專出教會的圖書，康有為即因讀了他們的出版物而起了維新的思想。其二，江南製造局找外文書託人翻譯，但多屬於理工方面的。其三為廣智書局，為馮自由的父親名鏡如者，以香港人的資格所主持，出了很多有關革命的書籍。其四為掃葉山房，專出石印的古書。這四家都創立於本館之前，其與本館同時而起的有文明書局和南洋公學的編譯部，所出版者多是教科書，不過編印全套中小學教科書的還是本館獨家。民前學部登記的教科書本館佔了一半以上，開始時很賺了一些錢，中小學教科書便是本館第二種的創造性出版物，由張菊生先生所主持，張先生是位翰院人物，在北京提倡新學，但與康有為並不相關。康梁失敗後，張先生誤被牽累，革職永不敘用。他是浙江海鹽人，回籍時道經上海，被南洋公學即現在交通大學的前身，聘為漢文總教習，其時吳稚暉先生以一位舊式舉人而加入為師範生，師範生一面應課，一方兼教小學生（其時小學生有後來大同大學的校長胡敦復先生，最近還在美國任教，他是現在中國石油公司總經理胡新南君的父親）。另一位西文總教習福開森是美國人，略懂中文，因此和張先生交互傳授中英文。張先生也因此學通英文。

本館的夏瑞芳先生常到南洋公學拉生意，和張先生熟識，談起本館由盈轉虧的事實，他認為不是讀書人不能主持出版事業，因此堅請張先生參加，張先生投資後，組織編譯所，自任所長，發起人的高先生則任總經理。他們兩位初時頗有不同的意見，端賴夏先生周旋其間，總經理只管營業，不干涉編譯所之事。

張先生入館最先一項策略，便是響應政府興學，創編全套中小學教科書，稱為最新教科書，實即是本館最舊的教科書了。編輯此書時，特別是對於小學的國文教科書，真是字斟句酌，一字不苟，往往是由張先生和幾位編輯人（其時任最新小學教科書編輯的除張先生外，有第二任的編譯所長高夢旦先生，及蔣維喬、莊俞、杜亞泉諸先生），連同一位日本顧問，對每一課詳加研討。編輯人中有長於國學的，也有極富經驗的小學教員，其他各科，均照此原則辦理。

第三種創造性的出版物即為「東方雜誌」，其前還有外交報，是由久任京職，深通國勢的徐珂，字仲可者所主持，不久併入性質廣泛些的東方雜誌，所以東方論壇仍多注重外交和國際關係。在當時，我國留日學生出版的雜誌雖多，但固定性的雜誌祇有東方雜誌一種。東方雜誌首任編輯是杜亞泉先生，他是自學的一位科學家，曾在上海設立一個理化傳習所，蔡元培先生中翰林後來上海，曾加入該所聽講。後來杜先生轉任編譯所理化部部長，繼任主編東方雜誌者，為復旦公學畢業生錢經宇，一直主持多年，至一二八東方第一次停刊後，他才轉任於監察院。

第四種是民國初年編印的辭源，這一部綜合新舊知識的辭典，確是本館創造性出版物之一。是陸爾奎先生所主持，花了不少功夫，簡直把眼睛都弄到失明了。辭源所收單字，另刊為新字典，但辭源不以單字為主，而是以詞語為主。其後中華書局也跟著出了一部辭海。後來者不免要居上，但本館不甘示弱，又編了一部辭源續編，隨又將正續編合訂為一册，其所收詞語，又較辭海為多，最近我們在這裡還附加了一個補編。

我國最早的字書是說文解字，按字的源流排比，分為五百四十部，不僅很難檢查，而且係以小篆為主，不合現代的需要。此書集秦漢以前流行的文字於一起，約九千多字。本館最近重版的說文解字詁林，是一位中醫師，也是一位真正的讀書人丁福保先生，他不斷研究整理中國的古書，費了不少功夫，收集歷代注釋說文的圖書，合併排比，成此巨籍。我國字書除說文解字，按字原排比外，其他或按音韻，或按部首。康熙字典便是仿照明代梅氏字彙擴充改進，所收四萬餘字，按二百十四部排列，但它所收單字，並不是最多，其前的宋代集韻，係按韻排列的，卻收有五萬餘字。中華書局編印的中華大字典卻比康熙字典和集韻所收的字還略有增加，就是把現代新造的字也收入其中。這部書至少算得是一半的創造性。此外，我花了十多年所編的中山大辭典，除辭語多至六十餘萬外，所收單字，遠較中華大字典為多。可惜因戰事全部卡片八百餘萬張都留在上海，其命運已不可知。我祇能就其中「一」字所收的辭語幾千條，近一百萬字，刊為中山大辭典一字長編，在臺已經重版。

辭源是本館在民國初年編的，堪稱為一種創作。中華的辭海是在辭源出版後若干年所編，說實話，辭海比諸辭源的正編，不免後來居上，就是所引古書，均列其篇名。辭源正編卻只列書名，未列篇名，但以後的辭源續編，和補編都有篇名，合併起來，條文比辭海增加很多，所以又不免後來居上了。辭源重點在詞，不在字，有詞的字才收入，沒有詞的不收入，單字和詞語合在一起就是辭源。將單字抽出來另成一書，就是新字典。

第五種創造性出版物，便是各科詞典。如中國人名大詞典、古今地名大詞典、動物大詞典、植物大詞典等，便是顯著的例子，其中最後出的一部是朱經農先生主編的教育大詞書，那是在我加入本館以後才發動的。

第六種創造性出版物是四部叢刊，完全由張菊生先生一手主持，他本是世家，自宋代張九成以來，科第蟬聯不斷，家中藏書自然不少，他本人對版本學尤有研究。他為本館收羅了不少的善本古書，構成一個名為涵芬樓的專供本館編譯所參考。後來逐漸加入不少的英日文新書。我來本館以後，力主將涵芬樓的藏書公開閱覽，經張菊生先生贊成，由董事會撥款建築一所東方圖書館，從此收藏的書更多。

四部叢刊的目標是以景印好的版本書為主，此書的銷路很好。中華書局也跟著出了四部備要，不重版本，而重註疏，雖各有效用，究竟較四部叢刊為後出。

第七種的創造性出版物是百衲本二十四史，二十四史為何要加上百衲本的形容詞呢？因為和尚的袈裟是打補釘的稱之為衲，這一部書是以涵芬樓的藏書為主，再加上向別處借來的其他善本，藉以湊合，補全。但是善本書因經過多年，不免有因蟲蛀或破損的，張先生花了不少功夫一一填補起來。該書自開始計劃，以至全部出版，歷時不下十年。

以上為前期的幾種具有創造性的書籍。雖然二十四史完成於我進商務之後，但前後皆由張先生一手主持。

後期的二十三種為：

其一，是民國十年我初進本館，首先計劃編印的百科小叢書，就每一題目以最簡單的文字作扼要的撰寫，兩萬字的為單本，四萬字的為複本，此為綜合性的，就各科重要題材，盡量約人編撰，因我有一遠景，想要出一部萬有文庫，先從若干小單位開始，慢慢集合而成無所不包的一部整體叢書。

其二，便是編印各科小叢書，像工學小叢書，農學小叢書，商學小叢書，師範小叢書，算學小叢書，國學小叢書等等。

其三，便是百科全書，那時我為了這部百科全書，把各國的百科全書全收集了來，經過詳加比較之後，覺得美國出版的 New International Encyclopedia 體例最為適宜，因此即以此為外國題材的主要藍本，另行參酌英德法日等國百科全書，至於本國題材，則由各專家特撰，並聘定了六七位專家分科主編，而助以一二十位編譯人員。原計劃全體條文的字數，當不下一億，三四年來已成稿約五千萬言，在一二八之役，給戰火燒光了。本館停業半年，復業後，百廢待舉，未遑及此，遂告停頓。此一缺憾，惟望本館在我的繼任者主持下，終究能夠予以填補的。

其四，為四角號碼檢字法，其發明的經過見人人文庫中我所著的一本專書，寥寥數萬言，卻費了我三四年的研究工夫，經過三四次的變更而成。

自此法問世後，本館許多種工具書的索引，均照此編製。其中最大規模，當為佩文韻府，該書原是依韻排列，是齊腳而不是齊頭的。自編成六十餘萬條的齊頭索引，它便成為我國現有最大規模的文學大辭典。此外，如日本諸橋博士的漢和大詞典十二巨册，也是採用四角號碼編製索引的。又開明書店二十五史的人名索引，也採我的四角檢字法，檢查極為便利。可惜中國文化學院所編的中文大字典，雖是以漢和大字典為藍本，卻沒有採用四角號碼為索引，以致檢查不免困難。這些索引的編製，都是四角號碼的副產品，算得是在我主持下的第五種創造性出版物。

其六，為學生國學叢書，我認為古書有的要全讀，有的不須全讀，所以選定幾十種國學要籍，分請專家，選定其中若干篇，加以詳細的注釋，另於書首就全書撰一概要的說明，俾讀者對全書得一鳥瞰的印象。

我近來主編一部今註今譯的古籍，後來中華文化復興會成立，我提出此一計劃，為該會所接受。由我召集了七家出版同業商談，除去本館已擔任之十二種外，其他則請各家分別擔任。但除正中書局外，他家都不願擔任，然正中正在進行者，即與我在四十年前所編印的學生國學叢書相若，都是選編詳註，而不是今譯今註的。

其七，為萬有文庫，自民國十六年開始計劃，十七年底完成，十八年初開始出版，即以國學基本叢書，漢譯世界名著，連同百科小叢書及各科小叢書共十三種，二千冊構成。以書的總數言，恰滿一千種，原擬稱為千種叢書，嗣思還要繼續發展，最後期達成萬冊，故改稱萬有文庫。本文庫之目的，在為全國建立許多花費極少，管理極便的小圖書館，除所收之書，各科具備，而且每書都載明分類號碼，並附卡片，只需一位中等學生便能管理，無需聘任專家。我作了這種周密的計劃，認為銷路一定好，所以打算印五千部，當時本館的總務處會議中，我報告有關萬有文庫的一切事情，大都沒有意見，只有當我要印五千部時，有位盛桐蓀先生很委婉的說五千部太多了，以後可以再版，但我卻被澆了盆冷水，因為我花了很多功夫，對該書的前途極具信心，所以堅持要印五千部。與議各人都遷就我的意見，但第一個月卻預約不到一百部，我才感到著急，後來幸得錢新之先生以其在浙江省財政廳的一筆可公可私的經費，為該省各縣圖書館整批購買了一百部。藉此宣傳，各省紛紛整購，結果五千部居然售罄。到了第二集編印時，還重印了三千部，盡行銷出。我當時只知編書，不懂營業，尤其不懂科學管理方法。所以冒險大量印行，實是不合科學管理的，當時我錯怪了盛先生，幸而有錢新之的意外幫忙，否則可能因滯銷而使資金呆滯。一年後我擔任總經理，首先出國研究管理方法，方發現我在當時決策的錯誤，歸國後，常常引此事以自責。

現繼續講後期的第八種：大學叢書。這也確是商務的創造性出版物。因為商務以前始終沒有出過專為大學教本之書籍，民國十年我進商務之後，認為可為各大學出些參考用書，即與各有關大學以各該大學之名定名為某某大學叢書。七八年來先後訂有這種契約，不下十種。但一二八之後，商務損失了大半資產，照估計，當時股本五百萬元，卻損失了一千六百萬元。不得已只好暫時停業清理。是年八月復業之後。兩個月內我即開始向各方面學者徵求意見，組織大學叢書委員會，由各著名大學推派一二位著名學者參加，約共六七十人，另外商務本身的編審部，也有幾位參加，其方法為各大學教授編著的講義，經自行審查後，再由本館分交其他大學教授兼任大學叢書委員者予以複審，通過後，即列入大學叢書，原計劃為三百多種，分五年出齊。但自民國二十一年秋間計劃後，其實施則在廿二年，至廿六年八一三時為期共四年半，原計劃業已實現了大半。抗戰時期，仍繼續增印，至抗戰勝利之日共達四百種左右。

國立編譯館所編印之大學用書，係在本館大學叢書之後若干年，迄今只有四五十種，初時曾徵求商務、正中等分擔印行，我為了贊助政府之決策也就答應參加了，所以國立編譯館的大學用書本館也出版了不少。

我們的大學叢書雖已出版了三四百種，但以在此所存樣書不齊，至今方重印了一部分，這是很遺憾的。

第九種的創造性出版物為四庫珍本。這是從四庫全書尚未刊布的罕傳本擇要影印的，故名為珍本。首先當略說何謂四庫全書：

由於清朝決心把所有反對滿清的文字，一網打盡，初時大興文字獄。後來，感到了殺不勝殺，因而設計把全國所有的書收集起來，借著模仿明代永樂大典之故實，編纂一部四庫全書。首先命令各省督撫，收集坊間及藏書家所有之圖書，或徵購，甚至還可暫借，捐獻多者即賜一部圖書集成，因此所有圖書大多數集合起來共有九千多種。其中認為較有用的予以著錄，就是把原書抄寫七部，分存於京師及外省的七個閣。除外省的三部，已燬其二，祇賸下杭州文淵閣的一部。北方的四部除運到臺灣來的一部，稱為文淵閣本者外，其他三部的命運已不可知，在清政府編纂這部四庫全書時，凡有違礙的部份，或燬或刪。此外一些被列入存目的書，是那時候認為不很有用的，不加著錄，僅存其書目及提要，這所謂存目的書，卻有六千餘部，約倍於著錄之數。

商務對四庫全書可說有不解之緣，民十四年，想到把四庫全書全部影印，縮成人人文庫大小之中國紙印本，每部售價約三萬元，另一種型式是合九面為一面，版面加大，改用洋紙印刷，售價萬元左右。當時已和北京政府講好了一切條件，但是曹錕的私人李彥青卻要商務給他廿萬兩銀子才肯放行，此為第一次的失敗。第二次是教育部為了要保存這部書，自動要我們影印，但全書準備裝車南運時，卻因奉直戰起，交通斷絕，也就未能成行。第三次是一二八之役後，本館復業不久，蔣復璁先生以中央圖書館籌備主任之地位押運了一部到上海，寄存於一個天主堂內，他以商務新受重創，恐無力負擔，先找了中華、世界、正中幾家，都不願印，才來和我商量，我認為商務此時雖無力承印全書，實亦無此必要，遂提議先把外間很少流行的約六七百種，以珍本為名，分期印行，第一期共出了二百六十餘種。

但是我們承印這部書的條件相當重，訂明贈送十分之一的印本給中央圖書館，我們印了一千部即送了一百部，由中央圖書館與國外交換，因而至今大都保存於國外圖書館。在臺灣的只有軍校運來兩部，政大有一部，中央圖書館和中央研究院各有一部。

第十種為中國文化史叢書，和我共同主編的傅緯平先生，在編譯所資格最老。這部書的計劃和目錄是由我經過相當研究，和參考許多外國著作而撰成。在我以編纂中國文化史之研究一文中，我主張文化史須從專題分編開始，隨後才利用分編的資料，綜合為一書。該叢書原定為八十種，但只出了四十種即因抗戰而停頓。

第十一種為自然科學小叢書三百種。在過去的出版物中，對於此一類的著作，算得上是規模最大者，這是出於我的創意，而由編譯所同仁周頌久（昌壽）主編和許多外間專家就外文著作譯述而成的。

第十二種為叢書集成，我為了編纂這部書，約費一年的功夫。

我國叢書，多至三四千種，然而考其內容，名實不符者，十居五六，刪改瑣雜者，比比皆是。張香濤的書目答問有：「叢書最便學者，為其一部之中可該群籍，欲多讀古書，非買叢書不可」。但他卻不知以種類如此紛繁，內容如是瑣雜，如不抉擇，多購既糜金錢，濫讀尤耗精力。

我編著叢書集成的主旨，就是從數千種叢書中，精選其最有用之一百種，合併起來，共得子目六千以上，而其中重複者，多至三分之一，即二千餘的子目。因此，去其重複者，可省篇幅與財力三分之一，且按萬有文庫方式排印，亦有照原書縮印者，共成四千小冊，連同萬有文庫一二集各二千冊，合為八千冊，假使不是抗戰發生，我決定續編萬有文庫第三集二千册，那便湊足萬册之數了。關於編纂叢書集成的計劃與經過，具詳我所撰輯印叢書集成序，見岫廬論學一五九頁。

現在講第十三種的中山大辭典，這可算是一部流產的著作，但是這個小胎兒後來又半復活了。這是我個人自發明了四角號碼之後，為了表現其用途，首先編了一部四角號碼的字典，但我對此急就的著作很不滿足，又以類書為主，連同許多古書新籍，或剪貼，或抄錄，編成了約有八百萬多張的卡片，構成一部大規模詞書的資料。後來給孫哲生先生知道了這回事，偕同幾位學者專家來參觀，他們都嚇了一跳，隨即決定由中山文化教育館和我合作，每月補助一些經費，因此，我就聘請了好幾個人來幫忙，積極從事編輯。如果這部大辭典能夠出版的話，定比現在中國文化學院所編印的中文大字典要大上幾倍。本來是預備編印五十鉅册的，但第一册剛剛開始排印，即因戰事發生，我不得不離開上海，這部詞典的工作遂停頓。抗戰勝利，又因共匪構亂，這些資料卡片便寄存在某學校，現今其命運已不可知，但我因抗戰而赴香港時，把「一」字為首的卡片隨身攜帶出來，在港印刷成書，定名為「中山大辭典一字長篇」，現在我顧慮到這本書比較偏僻些，恐怕不太好銷售，就沒有讓本館重印，而由我自己出資重印數百部，但是銷路也還不差。

第十四種為附索引的各省通志，已出版的有廣東通志等六省，都附有人名、地名的詳盡索引，若不是戰事發生，各省的通志皆可出版。

講到這件事，我就不得不略述本館和中華書局的恩怨關係，自從民國元年，陸費伯鴻先生脱離本館，自行組織中華書局以來，他和本館的張菊生先生結了不解的仇恨，民初中華新編適應民國的教科書，一時把本館的民前教科書打垮了，因此雙方競爭極烈。我係從民十年加入本館，本來和伯鴻沒有恩怨。可是一二八之役，商務遭遇空前的損失，中華乘機給本館強烈的打擊，自在意中。幸而我還招架得住，後來有一件競爭得最尖鋭化的事，就是關於古今圖書集成的景印。中華向其董事陳某借到康有為舊藏的一部銅版原本，我也為本館向幾家書店及藏書家湊成一整部。雙方均在準備景印，中華的陸費伯鴻，便託人向我關説，可否讓他們專印，好在商務在我主持之下，擬印的書很多，如能獲我同意，則今後彼此可由競爭改為合作，我慨然應允，於是雙方開始合作，商務放棄圖書集成之後，便專印各省通志。自那時起，終伯鴻之一生，都和我合作得很好。中華前總經理李叔明深知其事，對我和商務也能維持和洽的關係。

第十五種是年譜集成，但此事沒有成功，在民國廿五年前，我為本館搜羅了一千多種年譜，就其中的人名、地名、史事編成很詳盡的索引，將各譜所載者，藉索引並列一起，相互比較，與正史和其他史書頗多出入的是一部很有價值的史料，及至準備印行，卻為抗戰而中止。

第十六種為小學生文庫。後來又續編一部幼童文庫。

第十七種為中學生文庫，說起來這部書在形式上最不美觀，但是銷路卻最好。這是在抗戰時期，我把商務在重慶新印或重印各書，認為適於中學生參考的，各科各類皆有，但其版式大小不同，化零為整，編成中學生文庫，銷出數千部。復員後，回到上海，我因從政離開商務，推薦朱經農先生繼任，我勸他將這部書酌量擴充，重新排版印刷，定名為新中學文庫。但後者不能算是創造性，因為沒有中學生文庫的創始，也不會有這部新中學文庫了。

第十八種：人人文庫。這是我在臺創編和創刊的，其版式模仿在大陸的東方文庫。初時以舊版書重印為主，成本較輕，售價特廉，嗣陸續參入新著作，每月新出版二十冊，迄今已超過千餘號，冊數近千。利潤雖薄，銷路特廣，最近在原有單號和雙號外，又加上一種特號。

第十九種是各科研究小叢書。這是對每一學科，以五萬字左右，分為概論、小史及研究方法三部分，由專家以深入淺出的方法寫成的。我認為這一部小叢書，如能達成百種以上，定然很有效用，可惜約定寫稿的人，多未能如期交稿。

第二十種為國學基本叢書四百種。國學向稱浩如煙海。究竟何者為當讀之書，晚近由各家分別選定者有十數種目錄，我為此舉費了不少工夫，先就個人意見初選，再持與各家選目比較，然後定為四百種，不僅所選皆為當讀之書，且其版本，皆以注釋最詳盡者為主，故極合實用。

第二十一種，古書今註今譯，在文化復興會成立以前，我已發動此一計劃，選定若干種古籍，就原文再加上今註今譯。分請專家擔任。我並將此計劃，向文復會提議，承採納提倡。現除本館擔任了十二種以外，因其他出版家多不願擔任，故由文復會自行擔任十餘種，此一計劃對於研究國學者，當有重大助力。

第二十二種是新科學文庫。五年之前，商務改組之初，我曾說最初兩年僅就大陸出版各書擇要重印，暫時不出新書，至第三年開始出新書，初時還是側重於社會科學與人文科學。自去年起我又計劃就第二次世界大戰後，新出版之自然應用科學圖書託人翻譯，並特約專家審定。現已出版三四十種。我打算在一年以後，至少譯印百種以上。

最後一種即第二十三種是雲五社會科學大辭典。在八月份的東方雜誌內我有一篇「答客問」，說明本書編印的經過。

此書共分為十二個部門，是在我八十歲生日時，由中山同鄉會名譽理事長孫哲生先生等發起，捐募了一百餘萬元，成立雲五獎學金外，政大校長劉季洪先生等又發起創編一部雲五社會科學大辭典，並承嘉新水泥公司捐了一百萬元的編撰費，該辭典包括社會科學及人文科學共十二部門，分由十二位專家學者主編，並動員了二百位左右的專家分任撰述，三年以來，完成七百萬字上下，從本年八月份起，月出一冊，現已出版的第一冊是歷史部門的，第二冊是國際關係，第三冊是心理學。社會科學大辭典，在我國還是第一部，即在世界各國，也祇有其他三部。

附錄二　王雲老平明讀書

附記：這篇問答體的文章係應「自由談」雜誌主持人的邀囑，而由雲老指定筆者權充義務記者，訪問雲老後敘述而成，發表於民國四十八年四月份第十卷第四期「自由談」雜誌。標題係該雜誌編者所做，現一字未動，收集於此。當時本人於此文所用筆名為石剛。

此文雖短，但內容廣泛敘及雲老個人起居情形、讀書教書情形、少年經歷、研究科學管理經過、主持商務印書館的態度與精神、辦事方法，以及他自己和別人常談到的一件事：他喝酒的海量。範圍相當周延。（有守誌）

王雲老先生是衆所週知自學成功的學者。關於雲老的治學與養生之道，大家都很想知道一二，以供取法。所以我於某日清晨，專程拜訪雲老，請他給我們一點寶貴的獨得之秘。

雲老中等身材，稍微胖一點，今年七十一歲。頭比常人大些，但很相稱。頭髮不多，作銀白色，眉毛和唇上的鬍鬚也全銀白了，臉色白皙中透紅潤，雙眼靈活有神，閃爍著智慧的光芒，說話走路都快而有力，充沛著生氣和精力，一口完整的牙齒，一顆也沒缺少，聲音宏亮而豪爽，反應敏捷。

坐定後，我們開始談話。以下便是談話的內容：

問　雲老通常早上幾點鐘起床？

答　（笑了一下）說起來，照一般人的算法，我不是早上起床，卻是夜裏起來。通常總是在三、四點鐘的時候。

問　那是不是晚上也睡得比較早些呢？

答　通常八、九點鐘就睡。

問　有些人到了五、六十歲以後，常常祇能睡四五個鐘頭就再也睡不著了。

答　我倒很好，能夠睡得很熟。

問　聽說您起來後就常常寫文章，是嗎？

答　（點點頭）我先要自己燒茶，燒好茶，才開始喝茶、讀書、寫文章。

問　這樣倒是很安靜罷？

答　當然，所以工作效率特別高，也能夠考慮細密一點的問題。

問　雲老的飯量很好罷？

答　飯倒是每頓吃得不多，祇吃一碗，而且我不講究菜，有時我回家稍遲，有些菜涼了，他們拿去再熱下，還等不及熱好，我就已經吃好了。一頓飯大概五六分鐘就吃好了。

問　雲老身體這樣好，吃得這樣少，是不是還有什麼保養之道呢？

答　完全沒有什麼，我不吃藥，不打針，祇是生活有規律而已，數十年如一日。當然，有些時候因為免不了的應酬，回家晚了，以致不能按時休息，我也祇是第二天遲一個鐘頭起身，午間打一下盹而已。我想，要身體好的最好辦法是多工作，充滿蓬勃的生機，生活有規律。前年暑間，我奉命擔任那一屆的高考典試委員長，在臺省率先恢復入闈辦法，入闈後，為了通宵檢閱試題，曾經熬過六七夜，昧爽才睡，每日僅睡三四小時，雖與平日生活相反，也沒有覺得什麼。

問　您除了平日繁忙的公務以外，是否有時也到郊外別墅裏休養休養？

答　（笑）我從來就沒有過也用不著別墅，我也不需要什麼特別好的地方，祇要是一塊足可容身的安靜的小天地就行了。

問　那是——？

答 就是我小小的內書房。

問 方不方便？可不可以容我參觀一下？

答 你既有興趣，就請你參觀罷。（雲老領記者去參觀他的所謂內書房。那房間約莫八個榻榻米大小。是雲老的臥室兼書齋，這間小小的房子裏，書籍堆得真不少，桌子下，書櫥裏，地板上，書架上，壁架上，櫃子裏，床舖前茶几上，簡直無一處不是書。精裝的，洋裝的，線裝的，英文的，中文的，社會科學的，自然科學的，人文哲學的。卡片，資料，年鑑，中外雜誌，百科全書，真是形形色色，無一不有。大堆大堆地，除了窗户外，三邊直與天花板齊。就在這書堆的一角，安下一張小床，一張並不很大的書桌，一把安樂椅，和另一張大椅子，大概是作為梯子，藉以向高層書架取書的，或偶然第二個人來了時坐的。因此，從房門到他書桌前短短幾步路也得經過那條被書堆擠得彎曲的小路而不能直行。）

（看了這種情形，不難悟解到這位學者是如何成功的。）

問 雲老的藏書真不少啊！

答 並不多！這衹是我私人藏書的十分之一罷了，大部分都丟在大陸上了！這是我最引為可惜的事！許多書，都是我費了許多精力搜集來的。

（這時候記者在書架上順手抽出一本商務印書館出版的書來，我翻看了一下底頁，上面印了雲老的名字。）

問　我想請教一個略有點冒昧的問題，不知道雲老同意不？

答　（笑笑）不必客氣，是什麼問題？

問　很多人都相信一個傳說，說雲老是從商務印書館的一名校對工作開始，奮鬥出身的，可是真的？

答　我十四歲的時候在店舖裏做過學徒是真的，但進商務印書館倒是一開始就擔任編譯所所長，也就是商務的總編輯。那時候我三十四歲。

問　雲老研究科學管理大概是什麼時候開始的？

答　我倒記得很清楚，那是在民國十九年春天開始的，是專為商務印書館給我的新責任而從事研究的。我任職商務書館先後恰好二十五年；開頭的八年擔任編譯所所長，完全從事於編譯行政，對於科學管理一無所知，而且有些措施簡直與科學管理相悖。民國十九年初商務書館董事會堅邀我擔任總經理。我對此新職務，固辭不獲，而那時候的商務書館正遭遇到管理上的大困難，於是就職後，我立即出國考察，用六個月時間，經日本、美國、英國、德國、法國、比利時、瑞士、荷蘭、義大利等九國，參觀了上百家工廠，和管理專家五十多位商榷，參考有關管理書刊將近一千種。回國以後，我不僅是繼續「研究」科學管理，而且更在商務印書館實行起來。

問　聽說商務印書館受了一二八事變的破壞，復業後，一切大有進步，全得力於雲老應用科學管理方法，是嗎？

答　這裏面說來話長，一時說不清。我講其中一段罷。民國二十一年的一二八事變，商務在閘北的總館燬於日本炮火，損失財物值當時國幣一千六百多萬元（按那時候的幣值約等於美金同數），商務的元氣大傷。不得已停業半年。半年後，商務書館經我整理後復業，五年後，八一三事變時，由於我實行科學管理的成功，以前的損失差不多全已恢復，職工待遇也增加到超過民國二十年以前的標準。最要緊的還是那幾年裏商務書館出版物之多。我記得民國二十五年那一年裏，商務的出版物，占我國全國是年出版物總數的百分之五十三，而且書價定得特別低。

問　這幾個簡單的數目字聽來驚人！而雲老復興商務書館的功勞與奮鬥精神真是了不起！

答　說到奮鬥，我是充份接受的。（他進臥室去，片刻後取了一本書出來，翻開一頁說）在民國二十二年十二月份的東方雜誌上我寫了一篇題目叫「兩年的苦鬥」的文章，記述商務總館剛被日軍炸燬時的那段經過。這裏面有一段說得很清楚，你看。（記者接過那本書來照雲老指著的地方讀下去：「這時候上海四馬路一間事務室，擠滿了無數喧嚷和哀泣的人們，或要求救濟，或詢問將來辦法。但……總掩不住十里外傳來的槍砲聲，尤其是炸彈聲。室內有一個終夜未曾闔眼的人，一方面應付這許多人的要求和呼籲，一方面傾聽外間的槍炮和炸彈聲，一方面內心正在打算，趁此擺脫一切，以謀一己的安逸和一家的安全呢？或是負起一切責任，不顧艱苦危險，不計成敗利鈍，和惡劣的環境奮鬥，以謀打出一條生路呢？同時他還有八十多歲的老父，將及八十歲的老母，以及尚在提抱的幼兒；他明知肩負這種責任，可以陷他於極度危險，使其全家老幼失所依賴。但他一轉念，敵人把我打倒，我不力圖再起，這是一個怯弱者。他又念，一倒便不會翻身，適足以暴露民族的弱點，自命為文化事業的機關尚且如此，更足為民族之恥。此外他又想起，這個機關三十幾年來對於文化教育的貢獻不為不大；如果一旦消滅，而且繼起者無人，將陷讀書界於饑饉。凡此種種想念，都使他的決心愈加鞏固。他明知前途很危險，但是他被戰場的血興奮了，而不覺其危險。他明知前途很困難，但是他平昔認為應對困難便是最大的興趣；解決困難也是最優的獎勵。」

筆者願意在這裏說，這段幾百字的文章，使我非常感動，非常欽服。凡是對雲老過去幾十年來奮鬥和成功的歷史略有瞭解的人，再一讀這段二十多年前的舊文章，就必然憬然悟解到充沛在雲老性格深處的那最基本的部份是什麼。那充沛在雲老性格深處的，盤旋在雲老腦子裏的是國家、民族、文化、事業、家庭與個人等這些觀念；責任，道義，情感與勇氣這些精神。所以每逢緊要關頭的時候，最後，他總是寧願抱定犧牲個人和家庭的決心，而為了國家、民族、文化、責任和道義，欣然勇敢地站起來！

僅僅從上面這幾百個字裏，就可以瞭解雲老是遭遇過困難，而且所遭遇的是超越尋常的困難，也可以瞭解他是如何處理解決困難。這文章，熱情洋溢，但質樸而生動，二十多年前的一幕景象歷歷如在我們眼前。

我再看看這本書封面封底，是臺北華國出版社四十一年版雲老著的《我的生活片段》。）

問　雲老的文筆真生動傳神啊！

答　如果真是生動的話，那是因為景色本身生動的原故，我祇是簡略地記述下來而已。

問　雲老遭遇的困難也很多嗎？

答　豈止很多？對我簡直好像成為一個定律，到時候困難就來了。

問　可是雲老總是豪爽開朗得很啊，一點也看不出是歷經奮鬥來的，臉上連皺紋都不大看得見。

答　我祇思考，從不憂愁。我應付艱困祇覺有趣，不覺痛苦。

問　雲老是不是還在政治大學研究所兼了幾點鐘課？

答　我在政大政治研究所講授的課程是現代公務管理。對其中的幾位高級研究生所指導的是中國政治典籍研究。

問　高級研究生是讀博士學位的嗎？

答　研究生是讀碩士學位的，高級研究生是讀博士學位的。可是我自己慚愧得很，所受學校教育一共祇有幾年的私塾，比中華民國憲法第一百六十條規定的國民基本教育的年限還少。

問　這可以證明學位限制不了天才和智慧。

答　不是天才和智慧，而是努力和奮鬥。我願意對任何一位青年說這句話。

問　雲老平日不抽紙煙麼？

答　我從不抽煙。

問　聽說雲老飲酒是海量。

答　海量倒未必，不過興緻好時卻敢喝幾杯，但不常喝。

問　總統府臨時行政改革委員會六個月期滿那一天，聽說雲老對敬酒的是來者不拒，很喝了幾杯？

答　那天在座的五十多人都是改革會的同仁。我為著對他們表示敬意，對各人敬酒固很殷勤，對於回敬的也是來者不拒，結果真是喝了不少，幸而是醉而不亂。猶憶抗戰時期訪問英國，在接受英政府招待的六星期內，我對酬酢中的飲酒異常謹慎，到了接待結束後，我們在我國駐英大使館內設席酬謝經常招待我們的英方人員。賓主雙方異常高興，英國人和我挑戰，我不願示弱？所以大喝特喝。第二天，英國人方面盛傳：「我們英國昨晚給中國的那位老將軍打敗了！」原來是他們好幾個和我拚得都醉倒了。我卻是醉而不亂，沒有人看得出我的醉態。

問　雲老身體實在健壯。您七十大壽時候說過「自忘其老」這句話的。

答　（爽朗地笑）哈哈，我想就是八十生日還可以這樣說。

問　雲老可不可以抽時間計劃寫一本自傳！

答　哈哈，寫自傳還早呢，我對國家既少貢獻，個人又一事無成。而且，要寫也得過十年二十年再考慮。

（原載四十八年四月十卷四期「自由談」雜誌）

附錄三　條條大路通管理

附記：這篇文章所記述的是雲五先生於民國四十八年四月間任職行政院副院長期間，因總統蔣公特囑，巡視臺灣西部各地，筆者以行政院簡派參議身份隨行，回到臺北後用散文體裁，就旅途中一些有趣的事，扼要作成的記述。後來於同年五月廿五日起到五月廿七日止，曾續又巡視臺灣東部花蓮臺東等地，以完成原定全島之行，本文未有述及。東部之行，值得記述的事不少，而至今印象最深的是雲老不畏危險，以逾七十高齡之年，走過當時十分搖盪狹窄的一條約有一千公尺長的纜索吊橋情形。出發之前，花蓮縣長和當地人士一再想設法阻止而未成功，於是只好派了七、八位警員改穿便衣前後陪送。熱忱固然可感，但徒然大大增強吊橋的搖盪，並不能有絲毫實際扶護雲老的作用。筆者隨行，內心愁慮恐慌情形，現在仍難忘懷。而雲老當時卻行若無事。雲老於東西兩岸巡行完畢後，於該年六月間曾寫「環臺咨諏錄」一書（雲老親自作序說明全書係囑有守代筆），約十六、七萬字，用打字油印數百份，分送有關機關與個人參閱，並不公開發行。特一併附記於此。（民國六十六年農曆正月初一有守補記）

一、老青年

民國四十八年四十三日早晨，行政院王副院長雲五先生在參觀鳳山大貝湖工業給水廠後，應張廠長之請，在他們那本厚厚的來賓題字簿上題上了這幾個字：「條條大路通管理」。題完字後，雲老擲筆大笑。

這是雲老這次出巡途中的鏡頭之一。筆者覺得這句題詞特別有意義，所以就引用作為本文的題目。

雲老這次出巡，自四月八日起，到四月十七日止，為期恰好十天。到過臺灣省政府，臺灣省臨時省議會，若干縣市政府，若干鄉鎮和縣轄市，三軍訓練基地，許多公營或私營工廠，許多大學，中學和國民學校（大部份是縣市立的），若干重要的經濟建設工程，還到了海濱的鹽田。節目排得很密很擠，時間也把握得很精確。

在短短的十天裏，他到過鹽民的宿舍，看過學生的寢室，訪問過農村，以特有的健步爬登過陡山，深入過工程在進行中而尚有危險性的山洞和隧道。和工人們談話，和農夫們談話，和鹽民們談話，和學生們談話，和孩子們笑語拍照片；當然，也和許多地方行政首長，許多學校教員，許多工商管理家，許多軍事教育領導人，許多工程師等在一起談過，並且聽取他們的報告和意見。

雲老很健壯，很豪邁，很開朗。他吃得下，走得快，耐得勞，睡得熟。說起話來聲音洪亮，笑起來十分爽朗。十天來，從沒見他打過一個呵欠或露過一點倦態，身體也沒有過一點不適，他能夠一邊健步走著參觀著，一邊聽著還講著，連續四、五個鐘頭不倦。他能曬太陽能吹風，能到有灰塵有氣味的地方去，能在工廠數千度高熱的大火爐旁聽取別人的說明。據我想，他一定也能淋雨。不過總算這次路上沒有遇到雨。——要說，也遇到過一陣微雨，也淋了一點，應該不算。隨行人員，第一天也有行政院秘書處第一組組長吳季惠（俊）先生，以後九天便衹剩下筆者一人隨行，沿途辦點秘書性和聯絡性的工作。雲老今年高齡七十二，最初我心底下還暗暗地多少有點躊躇，很想是不是應該多有一兩位，以便照料得周到些。不過想到雲老素來是主張精簡原則的，所以想來想去，又未便過份說出這點意思來。

可是第一天過後，筆者立刻發現自己以前有點過慮，而感到這確是一次愉快的旅行了。除了秘書性聯絡性的工作外，簡直沒有其他事務性的工作要我辦。雲老自己的事完全由他自己料理。他精神充沛，無需他人照料。

出發前，雲老考慮到交通工具能否靈活配合行程上的需要。後來決定仍用他原來在臺北上下班用的公務座車一輛。我曾提議我另乘一部小吉普車隨行，雲老大不以為然，說是有點招搖而不同意。十天中，一直就是靠這部車子走遍山村農田。當時有一位朋友說，雲老年高，長途坐自備車很容易疲勞，因為既不能站起來伸伸腰，又不能走動走動舒散筋骨，何不改用其他交通工具？這話確實十分有理。但後來事實證明也是過慮。

雲老極注意時間觀念，事先決定了幾點幾分鐘要辦的事，必定牢記在心，準確按時辦理。說是八點鐘出發，到八點鐘前必定要先看幾次手錶。說：「還欠五分鐘就可以走了。」一切都準備妥當，坐在客廳裏祇是等那準確時刻的來到。沿途一切程序都是如此。唯一的例外，便是有一次因車子的問題，在路上耽誤了一小時，而不得不延遲到達另一地的時間，更動了那天的程序。並且同時就用電話把新時間，一一分別通知各個有關機關。

在這十天裏面，雲老的生活習慣並沒有多大改變。我說沒有多大改變，意思是說還是有小部份改變。因為大家都想知道雲老年老而「自忘其老」，而且身體健壯得勝過青年人的原因何在，我也想知道它的道理。所以才沿途注意到而且更用這篇文章記述下來，以供大家的參考。由於此，所以這篇文章中有很多地方敘述到雲老路途上的生活情形以及所表現出來的若干性格和興趣。

在最初幾天裏，雲老都是四點多鐘起身，照常在臥室喝茶讀書，早餐如果是吃粥，常吃兩碗或甚至三碗，午餐和晚餐各吃一碗半甚至兩碗，比在家多喫一點。午餐常在一時左右才吃，晚餐常要延到七點才吃，每餐都吃得很快。兩碗飯祇要約莫十分鐘就吃完。午飯後略為喝喝茶，也不午睡，兩點鐘又出發了。晚飯後，休息一下，或與次日將要巡視機構的來人談點時間安排事項後，他就看看書，洗過澡，九點鐘就休息了。雲老說平常在家裏的時候因為節食，所以每頓祇吃一碗；現在出外來因為消耗的熱量多，所以才特別多吃一點。

到後來那些日子裏，他夜間八點多就睡了，晨間三點多就起來喝茶讀書了。（他隨身帶得有書）他說已經很快的習慣了旅途生活，所以恢復正常生活時間。

有兩次晚間，他剛進房就寢，我臨時想起有事應該報告他，但走到房門邊時，已經聽見裏面有鼾聲了。算算時間，大概就寢剛祇三、五分鐘。筆者平常有時需要依賴讀點書報來催眠，現在看見這情形，祇有羨慕。

二、最愛孩子

雲老似乎特別愛孩子們，而孩子們似乎也特別愛他。許多陌生的孩子稱他老公公。他真是老公公，頭髮，眉毛，和鬍鬚全是銀白閃亮。他參觀了許多學校，在成功大學的電機工程學系的試驗室裏遇見二十幾個學生正在做什麼試驗，一看見他來了就鼓掌圍攏來了，有個學生說他走路真快，雲老哈哈笑說：「各位同學，我是個老青年！」新竹、高雄、彰化等地的許多中學生們，尤其是初中學生，看見他衹管拼命叫拼命鼓掌，完全是一片赤誠。他一笑出聲音來，學生們也就高興得大笑了！後來一問，原來這些孩子們用的都是四角號碼的「王雲五字典」。

四月十五日曾經特別到臺南市布袋鹽場去看鹽民生活。坐車子要走兩個多鐘頭，而且路上灰塵很大，天氣又特別熱。原來鹽田有兩種，一種叫做土盤，一種叫做瓦盤。所謂土盤，是用七分粘土和三分沙揉合後糊在田面，這樣就不漏水了；他們說，如果用洋泥糊反而還會漏水。所謂瓦盤是在田面上用陶瓷碎片密嵌起來，結得很緊很牢，也不會漏水。瓦盤的好處是刮出來的鹽更乾淨些。據說陶瓷碎片以前大部份都來自福建。因此，大陸淪陷後，瓦盤鹽田的面積增加得較少。

海水並不是直接流入鹽田的，簡要點說，是先要經過大蒸發池和小蒸發池，然後才注入鹽田裏來。進入鹽田時的海水已濃，他們稱之為滷水，經過太陽蒸曬，鹽就自然地在田裏結晶了。這種鹽叫做原鹽或結晶鹽(Solar Salt)，也就是通常人家用來做菜的鹽。結晶鹽用滷水沖洗清潔後，稱之為洗滌鹽(Washed salt)街上有裝成玻璃袋出賣的。洗滌鹽再加以處理成為精製鹽(Refined Salt)，可供醫用。最近臺鹽在精製鹽裏加上百分之零點二的乾燥劑碳酸鎂，製成一種名之為「檯鹽」(Table Salt)。顧名思義，那是可以裝成小罐瓶，像胡椒瓶子似地放在桌上來用的。

由於政府的努力，鹽民的生活似有若干改善。走進他們的宿舍村，孩子們一大堆一大堆地擠在樹蔭下。雲老一看見孩子就開心，對他們打招呼，孩子們於是一聲呼喊，一齊圍攏來了。雲老開心極了，笑得合不攏嘴來，當時南版中華日報和新生報記者邱陵和謝軍二位先生正好也在場，於是搶下了這些鏡頭印在第二天的報紙上。雲老開心之餘，又抱起一個胖胖的但臉孔卻不十分乾淨，約莫三歲大的孩子來。那孩子卻祇顧自玩著手上的小東西，一點也不哭鬧。雲老連連說：「很有趣味！很有趣味！好孩子！」

當時中華日報的邱陵先生在一旁細聲地說：「他老人家真好！」我點點頭說：「孩子們都喜歡他！」邱先生說：「你看他笑得多開心，因為他有那份婆婆心，所以他才笑得那麼開心！」

布袋鹽場區域很大，共計有一千七百四十四甲，約佔臺鹽六個鹽場總面積四千三百九十五甲的百分之四十。鹽場鋪有小鐵軌，一輛約兩個榻榻米大小的台車用引擎在前拖曳，走得很快，但也要走幾十分鐘才轉完一圈。

十七日我們從電力公司的谷關工程處抄近路回臺北，穿過一條砂子鋪成的山區公路，沿途山陵起伏，景色也很美。到了苗栗縣屬的南湖鄉時，已經十二點多鐘了，便在公路旁一個小丘下停住，上小丘去散步吹風。車子上原帶了點簡單的麵包和普通水果預備作午餐的。正在眺望的時候，山丘下田塍上有一大群孩子們正背了書包走過去，一看而知是剛散學回家的國民學校學生，有一個孩子向我們揮手，其餘的孩子也就停步凝視。雲老立刻也向他們招手。希望他們走過來。孩子們懂了。雲老說：「你們來吃東西罷！」有一個孩子用懷疑的眼光看了看，遙遙大叫的問：「你們的東西裏有沒有藥？」這問題來得突兀，起初不明是何意思，等到很快地明白了以後，覺得有趣極了，雲老大笑不已，並且立刻遙遙地回答那孩子說：「沒有藥，你們來罷！」孩子們這才由那個問是否有（迷）藥的孩子領先爬上小丘來。起先上來了四個男孩，後來又繼續上來了四個女孩，每個人都祇肯接受一支香蕉。雲老拉著那孩子講話，那孩子說他們都是南湖國民學校二年級學生，另外那些也都是一、二年級生。那孩子又說他們校長名字叫湯桂林，他自己叫李必章，並且一邊用手在空中比劃李必章三個字，一邊大叫大喊的加以說明，非常有趣。我正好帶有照相機，於是雲老叫我照相；我不捨得這個好鏡頭，也請順道同行北返的台電公司總經理黃暉先生代我們照了兩張。雲老雖然很喜歡他們，但耽心他們家長要盼望，所以便勸他們趕快回家。那個叫李必章的孩子顯然是個小領袖，一臉天真頑皮的像，就問：「照片給不給我們？」雲老說：「你的名字也留下來了，當然一定給你們！會寄給你們校長的，好不好？」孩子們這才滿意地走了。他們要爬過一座不算太低的山，到山那邊去。到了快看不見的時候，孩子們還留在山道上不走。雲老對他們揮揮手後就對我說：「他們為什麼不走？太遲了家長會耽心的，你問問他們看。」我於是大叫地問他們為何不快走，李必章於是也大聲地問：「照片要不要錢？」雲老聽了又是哈哈大笑。原來孩子們可能是在懷疑何以這批流動照相師照了相也沒說要收費用，或許在懷疑我們是否會欺騙他們而不把照片寄去。等我們說明和再保證後，孩子們明白真的不要錢了，這才由李必章高高興興地說：「每個人要三張照片，八個人個個都要三張！」才揮揮手消失在茂密的樹叢裏。

回到行政院後，過幾天，雲老忙碌中仍然記得這件事情。他問我：「照片寄去了沒有？我們對孩子們也不可以失信的。」

三、自忘其老

雲老七十大慶時說「自忘其老」，這次旅途又說「我是個老青年」，真是一點也不錯。四月十日在苗栗縣轄的頭份鎮上和苗栗縣政府人員會談過後，就參觀中國人造纖維公司。照預定程序是立即回臺北，因為有個集會在當晚七時舉行。必須回去參加後，第二天早上再出發繼續巡視。在頭份時，他忽然臨時興緻勃發，決定要遊覽一下獅頭山。把時間一算，坐車到山腳要半小時，上山到第一個廟「勸化堂」和下山各要走半小時，在山上停留半小時，共計要兩小時。出發時是十二時半，所以二時半，要從獅頭山下起程回臺北，仍可趕到臺北與會，到後來，果然是正好下午二時半從山腳起程回臺北。

據當地人士說，有一條下山的路雖然比較遠一點，但卻較平坦，可以行吉普車，勸雲老乘吉普。雲老卻連聲謝絕，毫不加以考慮。倒是特別接受勸告，攜了一枝手杖，但還不是為了上山，而是為了下山用的。山上有好幾段路都很陡，但他步履卻總是很穩健，而且中途並不十分多事休息，每次都是大家一再勸告才勉強憩下來。

獅頭山的廟都是鑿山成洞築起來的，頗為別緻。去過的人很多，無庸我多加描寫。我們看見了那尊來自日本的解夢觀音，木質雕刻，本色而未加油漆，估計高約一市尺。

雲老進山門的時候，我們看見有七、八個和尚在路旁面壁合十。我心裏正奇怪他們為何祈禱？後來才明白那是和尚們的歡迎儀隊。進廟後，鐘鼓齊鳴；出廟時也一樣，登樓時也響了一陣。這與幾天後參觀軍事基地情況相彷彿。在海軍基地裏是吹一聲小小的角笛，由播音機播出來，進大門吹兩聲，出大門也吹兩聲。每進一座屋子也吹兩聲，出一座屋子也吹兩聲，登軍艦也吹兩聲，離軍艦也吹兩聲。可見得禮儀是到處一樣有，即使出家做和尚也不例外。

當地人士介紹說，獅頭山「勸化堂」的住持是苗栗縣議會的議員。我心裏暗想，可不知他的選票是不是獅頭山和尚們投的居多數?如果是，那是很合理的，因為獅頭山屬於苗栗縣，山上廟宇既多，和尚也多，和尚既多了，自然也應該在議會裏有Voice。

下山時，天色陰沉。山道既陡，加以又有些青苔，實在有點不好走。常言說：「上山容易下山難」，下山因身子往前，山勢向下，常容易跌倒。雲老儘管帶了一根手杖，但大家都仍有點為他耽心。可是雲老不僅不肯讓人扶他，而且走得非常快。到了半途，天下起小雨來了，大家勸他在路旁小亭裏歇一歇，他也不肯，竟毫不在意地讓雨點淋在身上。後來由一位當地警界人士向山上攤販借來一把傘，隨在旁邊張打著，因為警官走的是路側石子地，雲老走得又快，所以警官直有點踉踉蹌蹌地在旁追趕著。

四月十七日上午參觀電力公司谷關工程的時候，天氣正晴朗。七點鐘就坐了吉普卡從谷關出發，在狹窄而蜿蜒的橫貫公路上走著。這條路從東勢起，直沿著大甲溪山谷向東進行，經天輪，谷關，達見，直到梨山時便分成東南向花蓮與東北向宜蘭兩道。從東勢到谷關這一段，據說日本人時候就開鑿了路，祇是橋樑和路壁等都不太好。這次經我們修整或再建，現在還仍然是石子的單行道，彎曲多而且急。梨山地面據說產梨，是山胞種植的，皮青肉嫩（祇是聽說）。這條路經過的區域，整個都是要辦入山手續的山地。

那個狹谷裏有三大產業開發計劃在進行。谷道北山是新近成立的大雪山林業公司，他們修得有山頂鐵路專供運材之用；谷道南山是八仙山林場，也修得有山腰公路運材。谷道底便是電力公司的一連串發電廠計劃，電力公司目前也自己修了一條從谷關街到谷關工程地的公路，大致與橫貫公路平行，位置比橫貫公路更低，但路面似乎比較更好些。

四、勇者不懼

電力公司的計劃是利用谷底大甲溪的水力，從西部的較低處起，直到向東的較高處止，一串建六個發電廠，天輪（俗稱天冷）發電廠是六廠中第一個完成的，正建造中的谷關是第二個。待谷關完成後，接著就要建最大一個的達見廠，計劃可發電十八萬克羅瓦特，同時據説灌溉量可相當於石門水庫，而成為臺灣最大的一個發電廠。除此以外，還有三個發電廠，合計六廠。

我以前曾經去過太魯閣（就是現在橫貫公路通花蓮的那一段），覺得景色絕美。現在經過谷關這一段後，才知道太魯閣那一段雖美，但不十分奇，更是不險。而這一段卻是既美又奇且險。聽電力公司的先生講，前一回，請張大千先生特地來看過風景，看後的批評是，達見以上便不稀奇了。

電力公司谷關發電廠將是建立在橫貫公路第八號隧道下一百五十公尺的地下。正在打洞，打洞工作快完，完了以後才開始用鋼筋水泥築隧道壁。這個洞很有趣味，從通口走一段後，就分左右兩枝，左枝慢慢彎曲盤到右枝的正上方，將從那裏開始建築，一直往下築通到右枝。據說這種從上到下的做法，是為了避免工程上的危險。

另外還要築一條地下水道，從出水口一直把水引到發電廠來，這條水道將有一般火車隧道的兩倍大，成豎立馬蹄形，可供汽車雙行，長達十幾公里。目前正以和水道垂直的方向，同時進行三個平行隧道的打洞工作，待這三個洞到達大水道本身位置後，才開始大水道的本身工程。這就是說，這三個洞祇是為了修大水道而作的預備工程。這三個山洞也尚未打好，鋼筋水泥也未敷上。

雲老起先到第二號山洞裏去看，一直走到洞底。洞裏雖有電燈，但畢竟不明亮，煙塵灰石瀰漫，地下滿是潮濕的木材，石子和泥濘，清土機鬧哄哄地往來行駛。雲老看得很仔細，從容不迫，興緻很高；也問得很多。我仰頭看看洞頂一塊塊岩石，彷彿覺得每塊都可能會掉下來，再摸摸頭上那頂電力公司給我們戴上的硬塑膠拿破侖帽，不禁心底突然有點特別感覺。當然，雲老也戴了一頂那樣的帽子，精神勃勃地還不肯讓人攙扶一下。這樣留了十多分鐘，我暗地裏有點焦急了，便拉拉電力公司谷關工程處負責人的衣角說：「好了罷，不要停留得太久了！」

出了第二號山洞，雲老還要去看看地下發電所的山洞。洞裏水很多，必須每人換上長統膠鞋。也是一直走到洞底。去看清土機的馬達一直在洞裏吼叫著來往行駛，使得比肩而立也聽不見談話聲，現代化的通風設備也鬧得很。岩石依然給我驚險的感覺。這樣指東看西又停留了十多分鐘，雲老簡直完全沒有意識到會有什麼危險。

在這裏，我很高興特別介紹一位年輕而能幹的工程師林國璋先生，他是溫州人，北洋工學院畢業生，是谷關工程處三位副處長之一。雖然我沒請教他的貴庚，但很容易判斷他可能祇有三十四、五歲。谷關工程的土木施工部份由他負責監督執行，很不容易。

林先生看見我滿臉猶豫之色，這時存心對我說一句話：「你不怕，倒還不錯！」我笑了一下說：「我不怕！」於是便問他：「這裏有過意外沒有？」林先生答覆了我一句話，但我現在仍然不想寫出來。

出了洞，我吐了一口氣！電力公司的先生們還給雲老拍了點照片。

由於時間的關係，沒有再去達見了。事實上，達見尚未動工，要看也祇是看風景罷了。

五、活到老學到老

算起來，一路算是看過四個大專學校。這四個學校是清華大學、成功大學、屏東農專和交通大學。我說「算是」四個學校，是因為交通大學的房舍還止於在進行施工的階段，雲老因為特別關心教育，所以也去看了一下工程。

在清華大學時，雲老看得特別仔細，他說是活到老學到老。那天梅校長月涵先生也在校。還遇見孫觀海和鄧昌黎等先生。我們進去時，看見鄧先生正在一間約莫不到六蓆地大的房間裏進行研究，桌上散滿了寫著計算式的稿紙。他顯然因經常靜心研究工作而習於沉默，和雲老交談了一會兒，雲老也問了他一些話。孫觀海先生也是極負盛譽的原子科學家，是美國 Western House 電器公司的原子部門主持人，極為熱情。另外還有好幾位知名的科學家。

清華是在政府和各方面的支持下和梅校長的領導下，以及這批科學家充沛的熱情灌溉下進行研究工作的，這批卓越科學家的處事熱忱十分動人。

當然，另外還看了較多的中學。但另有其重要意義，可以提出來說的是一個既無校舍又無教室且無招牌的學校；既不是大學又不是中學，更不是小學的學校。那學校，便是屏東縣的青空學校。

形式上，那似乎不能算是學校。上課是在田邊上的樹蔭底下進行，學生坐在木板長凳上聽，教師站在一方小黑板前講。每星期上三次課，隔一天一次，每次兩小時。學校既沒在教育廳備案，畢業也沒有文憑，半年結業。也不用辦理招考，也不收學費或任何費用。有時上上課就下田去做一陣子工。這真是個奇妙有趣的學校。

雲老到屏東郊外樹蔭下去親自參觀，站在一旁聽了好一會兒的講課，他是認真在觀察這個學校；也到田地去看這批學生種植的稻子。

這學校是屏東縣政府辦的。準確一點說，應該被稱為農作技術講習班，在二十幾個鄉鎮裏，每鄉鎮裏都設有班。由農民自己申請來聽講，縣府在建設經費項下列預算聘請那些學農而且自己對農作有實際經驗的人來任教席。傳授對農作物和農家副業的實際技術。聽説這種講習班已經辦了幾年了，已有實效。

屏東縣長林石城先生説，他對農業縣份的縣務，是以發展農業作為施政中心。他似乎有整套的做法。我們還看到他們用人工受精方法來有計劃地改良豬的品種工作，也看見了豬的人工授精的實際手術表演。還看見了利用垃圾製造肥料的小工廠。

這次沿途住宿的地方都很安靜。新竹的聯合工業研究所，彰化的八卦山，鳳山的大貝湖工業給水廠，成功大學，谷關和故宮博物院等七處，景色都很清幽。夜深人靜時谷關的淙淙流水，黎明前八卦山相思樹林中鳥兒的低語，大貝湖晨間的清新，成功大學那盪漾在茂密樹木間的風聲，以及故宮博物院四野的鳥鳴和油然而起的思古幽情……這許多，真是無一不值得依戀低徊。大貝湖我以前去過幾次，每次得來的印象都有不同。而這次，發現花兒開得更多更鮮艷！湖水泛得更澄清更碧綠！道路更整潔，草兒也更柔軟！

六、工作、樂觀、積極

十天的巡視，雲老每天都是從早到晚，沒有片刻休停。座談、坐車、參觀、聽取意見、走路……他從沒說過一句：「讓我歇一下！」他步行之快，使得工廠的工人都為之驚奇嘆息。他的平實近人，使得許多人雖久聞其名但一當面對，竟一時不相信其為誰。

路上，有一次朋友和他談到某人的病時，他說：「三分病當作有病便成七分病，七分病當作沒病便成三分病。」

這次路上在對地方行政人員談話時，他還引述他自己不久前說過的幾句話。他說：「常語總說，多做多錯，少做少錯，不做不錯。我覺得我們應該把它改過來說：多做少錯，少做不錯，不做大錯！」

不懂得什麼叫做疲勞的老人，四月十七日風塵僕僕地回到臺北後，十八日一早就上行政院主持了整個上午的會議，下午仍然還上辦公室去。

這位銀鬚白眉，童顏鶴髮，耳聰目明，健步如飛，聲如洪鐘，氣如長虹的老人；可以說是憂國心長，勇而無懼，仁而不憂，智而不惑了。

他是知名的科學管理學者。他說「條條大路通管理」，這句話值得令人深思。他處事總是切實準確；甚至這次旅行，都按行程表行事，內容充實，時間準確。

規律，正是科學方法的重要準則之一。用在他個人生活上也是如此，他說過他並無養生之道，衹是有規律而已。希望長壽學會的會員們願意研究這句話。

七、孩子們的書信

前面提到的南湖鄉苗栗那個名叫李必章的小學生的故事，五月廿三日的中央日報上也有過報導。而且把李必章給雲老的信也刊錄出來了。

正如中央日報所說的一樣，雲老和這位小朋友後來繼續書信往返。

六月七日，李必章有一封信，連同他們自己果園裏種的一小籃桃子寄送給王副院長，那封信仍是用鉛筆寫的，寫得很好：「親愛的王副院長：您近來好罷，忙罷？我很惦念您。上個月二十三日的中央日報，您大概看見了罷，我覺得很慚愧，報社的先生給我太過獎了。以後有個雜誌要我將我們相識的過程告訴他，我都請老師指導寫好寄給他們了，並且送很多雜誌和書刊給我。學校裏第三次月考剛完，成績還算好，但是我很怕上學期第二名第三名的同學追上來，所以天天晚上我一定把老師教的功課弄熟才去睡覺。我家裏有十多個人，爸爸種田，兩個哥哥和一個姊姊在學校裏當老師，還有一個哥哥專門種水果園的桃樹，現在結了很多桃子，我和哥哥要了這些寄給您嚐嚐看味道好不好？也當作您七十一華誕的祝壽禮物，我想您會高興接受罷！最後祝您端午節快樂！小學生李必章敬上。六月七日。」

信中有趣味的是他委婉地說出了他原來是在班上考第一名的，雲老事先雖然不知道這些，但慧眼畢竟不同。其次，這位小朋友在「怗」和「壽」兩個字邊還加上了國音注音符號。

雲老親筆有封信復小朋友，同時並且介紹自己的小孫子王春申和李必章做通訊朋友。雲老孫子很多，大大小小已有二十多位。王春申今年祇有十二歲，在臺北再興小學讀書，今暑畢業，很聰明，文思也很快。下面就是他復李必章的信：

「親愛的必章小朋友：

你的來信，我已收到了，你近來好嗎？

我想你大概不知道我是誰罷？我是你寫信給王副院長的孫子王春申。

我和你同是小學生，不過，我是六年級的學生，功課也很忙，也是正要考試，但我們考的是畢業考試了。

你寄來的桃子，我們已收到了，並且也吃過，並覺得很好吃，謝謝你！

我希望我們能夠時常通信，成為一對好朋友，雖然，我們不能見面，我會把我最近的照片寄來給你，並希望你也能時常把照片寄來。

看你寫來的信說，你很怕被第二名及第三名的同學追上，我就看出你是考第一名，是不是？

但我的功課沒有你那麼好，沒有考過第一名，也沒有考過第二名及第三名。

呀！時候不早了，我溫習功課的時候到了，我們的談話就此結束罷！

最後，

祝你

快樂

兄春申上六月十五日」

這兩位小朋友間的信件仍在繼續往返。

（載四十八年八月十九日十九卷十二期及二十卷一期臺北暢流半月刊）

附錄四　紐約時報詳介雲五先生

民國五十五年九月，為商務印書館創立七十週年之期。時筆者在書館董事長雲五先生領導之下，任書館發行人、董事、總編輯、兼總經理；同時，奉雲五先生之命，由書館出資另行創設「出版月刊」一種，於五十四年六月發行第一卷第一期，亦由筆者任發行人兼主編，至五十五年九月，月刊發行至第一卷第十六期。

一家出版事業，歷經國難時變，而仍奮鬥不懈，勇邁精進，始終為發揚民族文化與溝通介紹國際學術而獻其心力，為時七十年之久，無論就國家社會立場而言，或就商務印書館自身而言，都莫不有其特殊意義。

不過，商務印書館鑒於當前時局多艱，復興中華文化，在在需要朝野共同盡心盡力之處尚多，所以當時雖逢書館七十年週期，除所有書籍大減價一個月，以優待讀者外，未有絲毫形式慶祝之舉，僅由「出版月刊」發行紀念特刊。而紀念特刊內容，除將篇幅擴充為卅餘萬字，增加許多學術文章外，真正與七十週年有關者，僅有二事：一為雲五先生自行執筆的「七十年與二十七年」一文。題目中的七十年當然是指館齡，二十七年則指雲五先生自參加商務書館工作以至當時的年數。一為該期特以一九三〇年六月一日「紐約時報」介紹雲五先生長文與雲五先生生玉照影印為封面，而於該期月刊內，附以筆者之封面說明文一篇。該文標題為「本期封面說明」，副題為：「王雲五先生三十六年前訪美的高潮」。

筆者認為，紐約時報的介紹文不僅是世人對雲五先生眾多介紹文字之一種，同時也是我國出版事業歷史中珍貴資料之一，所以必需收集於本書之內。以次便是出版月刊封面說明全文。

本期封面是一九三〇年六月一日，美國最具權威性的報紙——紐約時報以半版的地位，為當時正在訪美的本館董事長王雲五先生所刊出的圖文。這在當時是一件令人注目的大新聞。

王雲五先生當時以商務印書館總經理的身份周遊世界，考察歐美各國的出版事務，當他抵達美國的時候，立刻成為重要的新聞人物。以致像執新聞界牛耳的紐約時報也不惜以巨大篇幅加以報導。這一份為帝王、總統、政治家必看的報紙乃由該社著名的記者艾朋(H. Abend)執筆撰寫專文，題名：「為苦難的中國提供書本而非子彈」。他以一種非常恭敬與讚揚的口吻，描述雲五先生的抱負與業績。這不只是雲五先生個人的光榮，也不只是商務印書館的光榮，而是中國人的光榮。茲摘譯該文如下：

當中國的軍閥們用數以千百萬計的民脂民膏從事於個人權力的維持與擴張的賭博時，一位卓具才華的中國老百姓卻以巨大的資財為中國人民教育的普及而賭博。這位勇敢的人物就是王雲五先生。他是現任上海商務印書館的總經理。他在美國停留七周，於考察了美國的效率制度以及各大公司的福利措施後，將啟程訪英。

王先生的大賭博已經贏定，它不是為他個人增加分毫財富，而是出版了一部稱為「萬有文庫」的巨著，這部巨著共二千冊，不僅囊括了中國歷史典籍的精華，而且將世界各國的文學、歷史、哲學、詩以及科學著作譯為現代的中國文字，悉數納入。

在他成為商務印書館的總經理前，王先生任該館總編輯有年。在他的領導之下，有三百位著名的中國學者，經常為該館擔任翻譯、編纂、及撰寫的工作。著名的中國哲學家胡適博士以及其他許多學術界的領袖都協助王先生的「萬有文庫」的編纂工作。他們希望這部巨著的價格能夠低得使中國任何一個窮苦的小城市都能負擔。但是，當這部巨著決定付印之際，卻受到董事會部份強有力的董事的反對，他們恐懼這一出版計劃會使該館賠累不貲。可是，王先生以個人的去留力爭，終於使該書在去年（一九二九）問世，共五千部，每部售價中國國幣三五〇元。就在他離開紐約之前，王先生收到上海來電報告已經售出四千三百部之譜。

王先生拒絕討論中國的政治或中國內戰。但他說：「中國人民的唯一希望在於教育的普及與交通的急速擴張，沒有教育，公路與鐵路，全國的統一是極艱困的。」

王先生在美國時，曾考察四十餘家公司工廠，並且曾經與三十位效率專家、經理、工會領袖及福利部負責人舉行會議。這些活動使他寫成了二十五萬多字的札記。同時，他又與許多在美求學年輕的中國學人交談，還約請了六位歸國擔任該館的研究工作。他希望再能從英國、德國的大學中找到至少四位中國留學生回國參與該項工作。

王先生在四十三歲的時候，已是五千餘雇員的領袖，商務印書館是中國最大的出版公司。它成立於三十年前，但它今日已經十分成功，它的整個資本額是五百萬銀圓，而它的許多財產的價值則超過該數幾倍以上。單單上海的印刷廠就佔地二千英畝；同時，還有散佈該城各處的分枝機構。在北京、香港且設有印刷分廠，而在中國三十個大城中都有該館的分館，至於與該館有聯繫的所有機構則多至千百數個，遍佈國內海外。

在過去三十五年中，該館已出版三萬種不同的書籍，另有三百種正在計劃印行中。此外，該館又出版多種著名的雜誌，至於其所出版的教科書則為全國三分之二以上學校所採用。

商務員工的待遇是中國最高的。同時員工們都受到由公司支付的團體的人壽保險的保障。每年有紅利可分還有優渥的退休金，工人子女的教育由公司免費供給。此外，公司還設有診療所、托兒所，對懷孕的母親給予生產津貼。

商務印書館除了出版書刊之外，還舉辦了一個函授學校，三萬二千個中國人曾在那兒畢業。同時，商務又在上海開設東方圖書館。這個圖書館之建立原來主要是為公司的編輯人員參考用的，但後來則予開放，供給各界應用。該館有五十萬冊以上的中文書，十萬冊以上的外文書。此外，尚訂有七百種以上的報紙與期刊。

這位商務的領袖是中國廣東省中山縣人。雖然他享有「活的百科全書」的榮號，但他卻沒有進過正式的學校。他除了是一位卓越的中國學者，他還能說、讀、寫流利的英文並旁通德文、法文、日文等，這些都是他無師自通、苦讀而得的。

儘管他在過去幾年中的工作是如此的繁多，但王先生還有餘暇創造了名聞中外的「四角號碼檢字法」，這個簡單而實用的方法已為全國所採用了。

一九一一年中國國民革命爆發之時，王先生是上海附近吳松中國公學的教授。一九一二年滿清遜位，臨時政府成立，他成為臨時大總統孫逸仙博士的秘書並參加教育部的工作。

王先生所領導的公司主要並不在牟利，而在使中國的教育的機會更容易，費用更低廉，這確是解決中國的重重災難的基本途徑。

附錄五　永懷岫廬我師

岫廬（雲五）師已離開塵世了，並已於八月廿二日下午三時大殮。承嚴前總統靜公主持，與岫師生前友好、親屬、和門生等共同治喪。悼禮與安葬日期已由治喪會選定。有守謹和淚勉強為文，以申內心哀思。

岫師近年患心臟病，雙腿不良於行。但必要時仍能持杖外出，甚至登樓主持會議。氣候晴和時節，晨間偶然乘車到寓所鄰近臺灣大學校園散步以舒筋肉。對所主持各機構工作要項，仍在其住所斗室親自執筆處理。也在斗室中聽取所屬人員口頭報告，並必隨即有所指示。耳聰目明，神智清晰，條理井然，詳切仔細。毛筆寫字，手不顫抖，都無異往昔。所以他常常說：「幾十年來，筆不離手，所以拿筆手不會抖，而拿筷子卻會抖。」但畢竟年事已高，常需晝寢。新計畫新想法雖多，卻力不從心，不能一一迅速付之實現。因而常常歎息：「我頭腦清楚得很，想做的事很多；但每天真能做的卻不多。如果能頭腦糊塗也就好了。」有時甚至為此落淚。但就我看來，岫師每日工作量實則仍不少。前幾年，我曾經冒昧勸他老人家節勞。他瞪圓了眼睛說：「我豈可以不做事？如果我不做事，我就不是王雲五了。」此乃岫師數十年來勤奮成性而然。如不工作，即無生趣，亦無意義。又例如今年六月廿四日（舊曆六月初一）在政大政治研究所門人歷年照例為其舉行的祝壽茶會上，岫師宣布將自行編撰年譜長篇，以私款十萬元酬金公開徵求一門人為助手。經門人當場公開推薦。岫師頗屬意於政治大學三民主義研究所所長而為我國政治制度史及文官制度史專家的楊樹藩教授。樹藩兄固感榮幸而心願，但以醫囑眼膜網有脫落而盲之虞，暫有事實上不便。岫師微笑說：「我想沒有關係，我可以等，等你半年眼睛好了再開始編也不遲。我不著急，橫豎這三、四年裏我也不會死。」後經樹藩兄專函詳陳眼疾確不能過勞，岫師於是嘉納其困難，並立即決定在全無助手下自行著筆。只是有一人替他抄繕。國曆七月下旬欣然告訴我說：「我已經自己編寫好幾十年的年譜初稿了。」我當時驚訝其竟一若往昔，仍如此神速。我固知岫師自少年收集資料成性，手頭原已儲存甚多，只要略事整理即可，而無需一字一句全部書寫是以較易；但以岫師尚在病中，而約莫每日編寫一年，頗以為憂；因而建議不必過勞，無妨從容進行。岫師莞爾一笑，頷首而已。舉此二例，可知岫師離世前一段期間的意志、精神、與體力概況。

七月七日，商務印書館總經理張連生兄電告，岫師因患感冒，已於六月住入榮總醫院云。我遂於是日上午往謁。病室中當時僅有自請之特別護士一人，岫師臥躺椅上，神智精神都很好。見我來，十分歡快，談興頗健。後家人弟子陸續來，站坐滿室。恰醫師來看病，醫師說：「雲老，你還接見這麼多客人。我替你掛個婉謝牌子幫助你安靜一點好不好？」岫師哈哈一笑，堅持說：「如果一定要掛，過了正午十二時再掛。」幾天後，燒熱已退，僅有微咳而出院返家。我每數日去他老人家住所斗室看他一次。見岫師神智精神如常，只是咳嗽頻頻，並且偶又發燒，但服藥即止。岫師似毫不以為意，並謂曾請某中醫處方兼服藥散，似已見效云。八月四日，岫師內弟徐應文老先生電告，岫師因肺炎又住榮總。我於五日上午往謁於醫院，家人滿室。岫師告以昨夜連續咳嗽八小時未眠，後自飲冰開水三百ＣＣ才停止咳嗽，疲甚。少停，先後兩科主任醫師來，主張用鹽水葡萄糖加治肺炎藥，點滴輸入血脈。岫師嫌對起行不便，似不願。我插嘴勸請。岫師仍甚不以為然。稍停，又再婉言詳陳甚久，岫師於是默然不再置言。次日照醫師意做點滴，體溫漸降至卅七度以下。以後連續幾天未再發燒，咳嗽也漸減少。我最後一次謁岫師於八月十二日，與考試院考試委員黃棟培兄巧逢而同進入病房。岫師精神很好，先與黃委員用廣東話交談。然後我找許多輕鬆話與談，並建議這次似應俟徹底好清再出院。岫師欣然說：「我再住一星期。」我又拜託特別護士好好侍候。然後辭出。下樓時，內心頗安定，以為病已無礙。

八月十四日晨間七時許，忽接張連生兄夫人電話，聞聲之下，瞬間十分驚訝，疑慮是否有何特殊事情發生。因張夫人雖向與內人相熟，但從無電話來往。張夫人告以岫師晨間已逝世，連生兄已赴醫院，臨行囑電告云。寥寥數語，真如晴天霹靂，為之驚愕失措。事出突然，一時張皇駭呼，昏眩不知所云。內人與兒輩群集身旁，相顧無言。待心神稍定後，想到似應先報告少數長者。於是電聞黃少谷與劉季洪二位前輩，每電雖祇三、四語，孰知當我說到「雲老今早過世了」一語時，竟不再能忍耐，顫抖淚落不成聲。於是不願再續撥電話奉知其他人，並自勉極力克制。默想張連生兄夫人匆忙中所言是否有錯？自己接電話未加詳問又是否有聽錯？於是整裝即逕奔榮總。一路風急雨驟，心情沉重。到了榮總中正樓大門口，只見王壽南博士默然站立。我急問岫師何在？壽南兄答以已移置冰庫。原先內心假定為誤聽之一線微弱希望立告幻滅。我於是請壽南兄指引，冒雨急赴護存遺體冰庫室，但見冰庫已封閉，竟不得一瞻遺容。此時內心失望已極，不禁落淚。只好對冰庫三鞠躬，默立良久而出。回中正樓，遇岫師哲嗣學理與學哲二兄，及徐應文老先生等扶兩位師母出來。我對師母鞠躬無言。於是赴新生南路雲五圖書館參加有關後事的非正式會談。

八月廿二日下午三時正大殮，蒙嚴前總統蒞臨榮總主持祭禮。王府家屬因不敢煩勞親友過多，所以事先未發任何通知，仍承岫師生前好友陳立夫先生余井塘先生等及門生親族約二百人到場參與大殮儀式。我追隨於後，立於靈側瞻仰片刻，見遺容十分詳和安靜，彷若熟睡。這時我內心忽隨之也平靜下來。心中默念：「別矣吾師。」與祭者一一巡行瞻仰畢，廳中寂然無聲，隨即蓋棺。我又與壽南兄隨其家屬再入靈幃後立於靈側，鐵釘入木發尖銳聲，內心忽感震慄難堪，於是急與壽南兄出。約二十分鐘後，隨衆護送靈櫬赴殯儀館暫厝。

我受益於岫師者太多難償。溯自幼年讀岫師主持商務印書館所發行的小學教科書及多種雜誌等，至今已五十年。民國四十三年入政治大學政治研究所，始獲識荊而忝列門牆，至今亦二十五年。在此期間，從而受業，在指導下撰寫學位論文。卒業後，自四十六年起，又先後在總統府行政改革委員會、行政院、經濟動員計劃委員會、故宮藝術品赴美展覽委員會、商務印書館發行人兼總編輯兼總經理等專任職務上追隨岫師學習治事、編書、營商，連續十一年以至民國五十六年秋。後財團法人雲五圖書館董事會於民國六十一年成立，岫師自任董事長，命我為董事之一，繼續至今又七年。二十五年來，在岫師領導下工作與學習期間，朝夕親承謦欬，耳提面命。每遇要務，輒長談細商一、二小時之久，固所常有。而我自近年在他處工作後，無分寒暑，每旬日半月，仍必赴寓所謁談，從無間斷。此情此景，與岫師所言所語，音容笑貌，無不一一恍若眼前，如今竟都成往事，曷勝心傷。

有關岫師生前行事，有岫師本人所著《岫廬八十自述》、《岫廬最後十年》、《岫廬語錄》、《商務印書館與新教育年譜》等書及其他大量著作記述；從政部份更有政府紀錄與檔案；謝世半月來，各方人士陸續亦有鴻文憶述。個人歷年來，先後也有短文多篇十多萬字發表，經已輯編為《道南從師記》一書（以上各書均商務出版）。目前心亂不定，無從作系統化陳述，在此僅能略述大要。

岫師先代向業農商，中文僅讀私塾幾年，英文只進短期補習班；但憑其豐厚稟賦與刻苦自學，努力奮鬥，少年時以一面偶緣與一席談頃，而立獲　國父識拔，置於左右。後以甚至無小學畢業證書身份，因商務印書館創業諸公慧眼別具，而受聘為當時我國最大出版事業商務印書館之總編輯兼總經理，並予以發揚光大，而使書館成為當時世界三大出版事業之一（另兩家為 McMillam 與 McGrow-Hill）。歷經一二八及八一四等多次國難浩劫，而迭予再造復興。為我國學術界提供無數高水準書籍。以此而馳譽於國內外。後又獲先總統　蔣公特達之知，以一無黨無派平民，而被延攬從政，歷任要職，並主持行政改革，首先提出司法改制等重要建議。當選為國民參政員與國大代表後，則多年一貫，支持執政黨與政府政策，堅持原則，協商各方，調和鼎鼐，而被譽為「國大之寶」、「說明專家」、「最佳主席」、「主席團發言人」、「最佳風度代表」。外圓內方，排難解紛，無不翕然心服。從事教育工作，則高徒輩出，早年如胡適之、臧啟芳、楊杏佛、楊亮功、朱經農等先生；晚年任教政大則有邱創煥、陳水逢、金耀基等人。博士碩士出自門下者逾百，或為名教授、或為中央研究院院士、或為大學校長、或為中央五院院長、政務官、部長，對岫師始終敬服無已。至於岫師本人著作之富，則豈止等身？交遊遍海內外，閱人無數，用人無數。畢生方面之廣，貢獻國家社會人類之豐，實非一隅者所能比擬。

岫師之能如此，雖由於天賦異常，實亦由於後天努力。是生而知之、學而知之、與困而知之三者之綜合。岫師生前嘉言極多，但就其與我私人談話而言，有若干言詞與行事，多年留存腦際，印象特深。我曾請詢人生成事要訣，岫師毫不遲疑，脫口而出：「奮鬥！只有奮鬥！不向命運低頭，不向環境屈服！」奮鬥是精神狀態描寫；而實際工夫，岫師則常言要有如「牛馬駱駝」，刻苦耐勞，容忍負重而道遠。岫師暮年以前少病，但並非完全無病，縱使有病，亦少有人知。岫師常說：「三分病當作有病就成七分病；七分病當作無病只有三分病。」岫師生平多創見，好解決問題。所以常一反世人常言而說：「大家說多做多錯，少做少錯，不做不錯。我卻說要多做少錯，少做不錯，不做才是大錯。」岫師又常謂：「只有前進，決不後退。」岫師常訓以經營商務印書館文化事業之原則為「十本書只要有六、七本書賺錢，三、四本書虧本也無妨。」因企業虧損必倒閉，好書又非每本都能賺錢。學術與營利如欲兼顧，其秘訣在此。岫師又常說：

「我把解決困難作為一種樂趣，把這種樂趣視為最高報酬。」某年岫師主持國民大會會議，所討論之案為關係重要之國家大政，會場頗多意見。岫師當衆拍胸脯承諾：「我是做買賣出身的，說話算數。」問題於是解決，真是一言九鼎。對於用人，他常說：「我什麼人都能用。」以上言詞，舉一反三，可知其他，而不難想像其性格之特質。岫師真是強者。

至於其行事，正一如其所言。當年為五金店學徒，因撚燈夜讀，為店主所責，而益堅其自修之志。後竟發奮讀完數十巨册大英百科全書，刻苦自勵如此，誠前無古人，恐亦後無來者。岫師為實際需要，而苦思焦慮，發明四角號碼，中外圖書統一分類法、排字捷易法、航空紙型等等。岫師為提倡簽名負責制度，任高考典試委員長而親自實踐，用毛筆簽名考試及格證書數千張。而為求我國學術獨立，發動建立我國自授博士學位制度，因之為當時教育部長張曉峰先生稱為「博士之父」。岫師曾自謂每遇難題常發「奇想」，實則為獨到之見。例如數年前居家心臟病突發，匆促中發現心臟急救藥已時久失效，於是靈機一動，速飲白蘭地數小杯而得救。又偶患耳疾，竟自用眼藥水滴耳而癒。岫師記憶力極強，數十年前細事能如數家珍。豪爽而好飲，亦頗能飲。酒後興至，則津津樂道其終身不應考、不競選、不求職。岫師座車數十年來向不許後退倒車，生平寫作極速，能以毛筆一日成文一萬餘言。讀書亦極速，而愛書如命，以坐擁書城為樂。岫師生命中最高樂趣似以學術、工作、與青年三者為主。因喜愛青年與學術，故特喜愛其青年門生與素昧平生之苦學青年。因愛學術，致雖多年從商從政，日不暇給，影響治學，故早年即開始實行每晚八時就寢，夜三時起床工作。將習常應酬談天之前半夜無用時間化為後半夜有用時間以治學。暮年更悉捐所有以設立對外免費公開之雲五圖書館。其考慮決定之初，曾告訴我說：「取之於社會，用之於社會。生不帶來，死不帶去。」我當時微言是否應稍有部份以遺後人。岫師笑言：「有字畫留給他們做紀念品。」凡此行事種種，人視為奇，我則認為正。

大哉吾師，一代偉人，一代正人，真智仁勇兼備者也。有讚為立德立功立言，確當之而無愧。其所以能如此，主要由於終生勤勞而正直愛人。民國五十年岫師賦詩一首，書一條幅見賜如下：

處世若壯遊，胡為不勞生。壯遊不易得，豈宜虛此行。
偶爾一回醉，終日須神清。雪泥著鴻爪，人生記里程。
豹死既留皮，人死當留名。盛名應副實，人力勝天成。
人人懷此念，大地盡光明。
反李白春日醉起言志應有守契弟索書。王雲五此一條幅，十八年來，一直懸掛我座右，從未分離。自此以後，偶亦見岫師書此以贈他人。岫師之人生哲學與行事精神，此詩似可概其大要。岫師逝世後，我日來工作時間，常停筆注目迴環默誦此詩，我師彷彿仍與我同在。

我個人常常覺得，岫師通情達理而又堅持原則的性格，以及自修奮鬥以貢獻國家社會，從商而又從政，且有發明等等行事，與美國富蘭克林相彷彿而以又略勝。取之人間者有限，奉獻人類者至多。

我師長在！我師永遠活在我們心中。願我有生之日，永效我師之勤勞奮鬥與公忠正直，以報國家社會，以報師恩。

（原載六十八年九月四日「中央日報」）

本書作者徐有守主要著作

1. **煉獄**：四幕劇劇本，自由青年社多幕劇劇本第一獎，自由青年雜誌社出版，臺北，一九五一。獲文藝獎金會（臺北）一九五〇年獎助。
2. **雙殉記**：三幕劇劇本，文藝獎金會獎助，與文齋書局出版，臺南，一九五二。
3. **荒村之月**：獨幕劇，文藝獎金會獎助，與文齋書局出版，臺南，一九五三。
4. **生之戀歌**：詩集，人文出版社出版，臺南，一九五五。
5. **紅樓夢劇本**：四幕劇劇本（與譚峙軍合編），臺灣商務印書館出版，臺南，一九六六。
6. **藝文沉思錄**：文藝批評集，臺灣商務印書館出版，臺北，一九七二。
7. **道南從師記**：傳記文學，臺灣商務印書館出版，臺北，一九七七。
8. **公務職位分類之理論與實務**：人事行政學論著，正中書局出版，臺北，一九六〇。
9. **美國合作聯邦主義論**：政治學論著，臺灣商務印書館出版，臺北，一九七二。

10. **行政的現代化**：行政學論著，臺灣商務印書館出版，獲中華文化復興運動推行委員會學術著作獎，臺北，一九七二。
11. **行政學概要**：行政學論著，財政部財稅人員訓練所出版，臺北，一九七七。
12. **中外考試制度之比較**：人事行政學論著，中央文物供應社出版，臺北，一九八四。
13. **我國當今人事制度析論**：人事行政學論著，臺灣商務印書館出版，臺北，一九八四。
14. **政治學概要**：政治學論著，警察專科學校出版，臺北，一九八八。
15. **考銓新論**：人事行政學論著，臺灣商務印書館出版，臺北，一九九六
16. **考銓制度**：人事行政學論著，臺灣商務印書館出版，臺北，一九九七
17. **考試權的危機**：人事行政學論著，臺灣商務印書館出版，臺北，一九九九。
18. **棣華詩集**：新詩集（與徐柏容合著），臺灣商務印書館出版，臺北，二〇〇〇。
19. **王雲五與行政改革**：行政學論著，臺灣商務印書館出版，臺北，二〇〇三。
20. **做一個成功的公務員**：人事行政學論著，臺灣商務印書館出版，臺北，二〇〇四。
21. **出版家王雲五**：傳記文學，臺灣商務印書館出版，臺北，二〇〇四。

出版家王雲五 ／ 徐有守著. -- 初版. -- 臺北市：臺灣商務, 2004[民 93]
面： 公分.

ISBN 957-05-1884-7（平裝）

1. 王雲五－傳記

782.886 93009433

出版家王雲五

定價新臺幣 320 元

著作者 徐有守
責任編輯 葉幗英
美術設計 江美芳
發行人 王學哲
出版者 印刷所 臺灣商務印書館股份有限公司
臺北市 10036 重慶南路 1 段 37 號
電話：(02)23116118 · 23115538
傳眞：(02)23710274 · 23701091
讀者服務專線：0800056196
E-mail：cptw@ms12.hinet.net
網址：www.commercialpress.com.tw
郵政劃撥：0000165 － 1 號
出版事業登記證：局版北市業字第 993 號

• 2004 年 7 月初版第一次印刷

ISBN 957-05-1884-7（平裝） 22311000

廣　告　回　信
台灣北區郵政管理局登記證
第 6 5 4 0 號

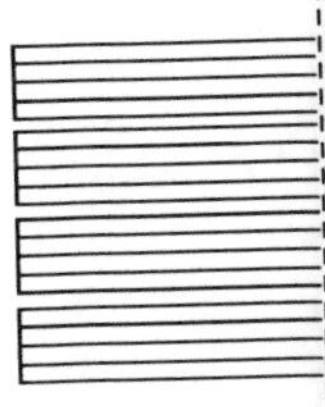

100臺北市重慶南路一段37號

臺灣商務印書館　收

對摺寄回，謝謝！

傳統現代　並翼而翔

Flying with the wings of tradition and modernity.

讀者回函卡

感謝您對本館的支持，為加強對您的服務，請填妥此卡，免付郵資寄回，可隨時收到本館最新出版訊息，及享受各種優惠。

姓名：________________________ 性別：□男 □女

出生日期：_____年_____月_____日

職業：□學生 □公務（含軍警） □家管 □服務 □金融 □製造
□資訊 □大眾傳播 □自由業 □農漁牧 □退休 □其他

學歷：□高中以下（含高中） □大專 □研究所（含以上）

地址：□□□________________________

____

電話：（H）____________（O）____________

E-mail:________________________

購買書名：________________________

您從何處得知本書？

□書店 □報紙廣告 □報紙專欄 □雜誌廣告 □DM廣告
□傳單 □親友介紹 □電視廣播 □其他

您對本書的意見？（A/滿意 B/尚可 C/需改進）

內容______ 編輯______ 校對______ 翻譯______
封面設計______ 價格______ 其他______

您的建議：________________________

____

____

臺灣商務印書館

台北市重慶南路一段三十七號 電話：（02）23116118・23115538
讀者服務專線：0800056196 傳真：（02）23710274・23701091
郵撥：0000165-1號 E-mail：cptw@ms12.hinet.net
網址：www.commercialpress.com.tw